¡Manejando Objeciones!

101 Guiones para el Mercadeo en Red
Aprende a decir las cosas correctas para cada prospecto

Por Monte Taylor, Jr.

www.montetaylor.com

Traducido por Carlos Torres
Para más información comunícate por email:
carlosmtorres09@gmail.com

¡GRACIAS!
Gracias por descargar mi libro. Por favor, sé amable y deja tus comentarios en Amazon. Doy la bienvenida y necesito tu realimentación para poder mejorar la próxima versión.

Para recibir más consejos para contactar, reportes, y más guiones, además de una serie de videos GRATIS diseñada para ayudarte a obtener el valor completo de este libro, haz clic o sigue el enlace a continuación para subscribirte.

www.montetaylor.com/freestuff

Dedicado a Tom y Bethany Alkazin.

Ellos son dos de las personas más positivas y generosas a las que he tenido el privilegio de conocer.

Con su ejemplo me han enseñado a enfocarme en ayudar a otros, en ser un estudiante de la industria, y nunca rendirme.

Reconocimientos

Estoy especialmente agradecido con aquellos que han tenido un impacto positivo en mi vida en maneras que ni se imaginan. A mi hermosa esposa Penny quien me ha apoyado incondicionalmente en todos mis negocios– algunos exitosos y otros no tanto.

A mi socio John Souza – alguien quien ha marcado la diferencia en esta industria; Mi hijo Eric, un maravilloso comunicador, con espíritu energético, un líder y estrella en ascenso; Brad Alkazin quien ha liderado el camino y le ha mostrado a los que están atentos que los jóvenes, con grandes sueños, pueden construir negocios monstruosos; al asombroso Todd Smith quien señala el camino, da generosamente de su tiempo y lidera con acción y ejemplo; Mike Sheffield, Garvin DeShazer, Ken Lind, y todos del equipo SRN que han ayudado a miles de empresarios a realizar sus sueños; a grandes maestros increíbles: Bob Proctor y Dr. Joe Vitale; un extraordinario ejecutivo y líder de pensamiento en la industria – B.K. Boreyko.

Lee y Fabio Okubo quienes personifican el liderazgo de servicio, la determinación y la disposición de ayudar a otros; mis amigos incluyendo al asombroso Clint Holmes; Jane y Ken McCoy, Bill y Debbie Philips, Karen Boita, David Hernández, Dick y Becky Groves, el Dr. Robert Keller y el Dr. Peter Lord por su continuo apoyo; Larry Weeks y Bruce Stafford por compartir sus historias, risas, lágrimas y amistad; la Madre Joanne Bourg por inculcar en mí su espíritu competitivo. Judy Torres por "siempre estar ahí" para la familia.

Allen Willey, el gran comunicador y coanfitrión de cientos de llamadas de conferencia; Rachel Kelders quien personifica la determinación, espíritu y gratitud; Steve Sitkowski por su estilo imperturbable, habilidades para vender y no exagerar la verdad de las cosas; mis amigos de toda la vida, Fred y Tracy Montilla, Bruce y Vicki Benge quien ejemplifican una actitud positiva, estilo, y humor; mi hermana Suzzanne Stanford, la mujer de negocios; mis hijos Nick, Andrea, Chris, Eric, Austin, y Delaney quienes me asombran con sus talentos y habilidades y me mantienen sonriendo

TABLA DE CONTENIDO

INTRODUCCION

Mi hermana me sorprendió un día.

Darlene es una verdadera extrovertida. Ella ama a las personas. Ella disfruta platicar con sus amistades (y con desconocidos también) y no tiene miedo a expresar su opinión acerca de casi cualquier cosa. El decir que es extrovertida le queda corto.

Ella ha visto mis aventuras de Redes de Mercadeo a través de los años y sabe que es posible generar un ingreso de tiempo completo trabajando a tiempo parcial en esta industria. Ella entiende que puede ser desafiante pero gratificante a la misma vez. Ella también me ha escuchado hablar de las satisfacciones del negocio y lo sencillo que es desarrollar excelentes relaciones personales con bastante gente positiva.

Ella sabía de todo esto, pero algo la detenía y no la dejaba hacer el negocio.

Un día estábamos hablando de mi negocio y ella dijo, *"Me encantan estos productos. Tengo el tiempo. Creo que me gustaría hacerlo y si me ayudaría el ingreso adicional. Pero simplemente no sé qué decir cuando la gente empieza hacer preguntas….me pongo incomoda."*

Me pregunté, *"¿Darlene incomoda? ¿De verdad?"*

Después de platicar un poco más, ella me pregunto si había "guiones" que pudiera aprender para saber que decir en caso de que alguien le hiciera alguna pregunta tal como, *"¿Eso es una pirámide?"*

Por cierto, la frase, *"Es que no sé qué decir cuando la gente empieza a hacer preguntas,"* es un tipo de objeción. Y la definición de una objeción en el contexto de este libro es: cualquier desafío verbal, pregunta, duda, preocupación, miedo o creencia que haga que la persona diga que no (o posponga el decir que sí) a tu producto, servicio u oportunidad.

Le pedí a mi hermana que me diera más ejemplos de las preguntas que le preocupaban.

"¿Qué tal si me dicen que el producto es muy caro? ¿Qué les digo? ¿Qué tal si me dicen que solamente las personas que entraron primero son los que ganan el dinero? ¿Cómo les contesto eso?"

Después de pensar un poco, me di cuenta que aunque yo no tenía problema con responder a la mayoría de las preguntas u objeciones que dan los prospectos, mucho de lo que yo había aprendido, practicado, y enseñado a través de los años no estaba por escrito.

Empecé a escribir con la idea de ayudar a Darlene (o cualquier otra persona) a aprender algunos guiones que les pudieran ayudar a manejar las preguntas y objeciones de una mejor manera. Pero me di cuenta después de pensar más cuidadosamente que **los guiones no tienen el poder**. Los guiones ayudan, pero no son la respuesta completa.

El poder efectivo está en el "modelo de conversación" que yo uso, junto con principios importantes de comunicación, un modelo que yo llamo: La Fórmula Para Contactar de Máximo Poder.

Realmente creo que cualquier persona – con un poco de práctica y un sistema simple a seguir puede aprender a: invitar, presentar, hacer un seguimiento, manejar objeciones y ser más efectivo con sus prospectos.

Sacar al elefante a dar una vuelta

Después de casi 25 años en la industria de las Redes de Mercadeo, estoy convencido que hay tres razones principales por las que gente con buenas intenciones fracasa:

1. No aprender, o no usar un sistema para crear clientes y/o distribuidores.

2. El fracasar en ser consistentes.

3. Darse por vencidos demasiado pronto.

Por supuesto que hay otras razones por las que la también puede fracasar:

Escoger los productos incorrectos (que no sean de uso repetitivo, que no sean únicos, que no le añadan valor al consumidor).

Escoger la compañía incorrecta (con un liderazgo ejecutivo débil, o con el capital inadecuado) y cosas por el estilo.

¿Y qué tal de esas personas que jamás empiezan? ¿Qué tal de las personas que tienen la necesidad y el deseo de un ingreso adicional, que les encantaría tener su propio negocio, pero quizás no tienen el capital para empezar su propio negocio o no tienen idea de cómo o que hacer después?

¿Por qué no considerar el negocio de Redes de Mercadeo?

Alguna gente tiene miedo empezar un negocio de Mercadeo en Red porque saben que de alguna manera, para ser exitosos, deberán hablar con sus amigos, familiares, o desconocidos.

Algunos dirán, "No quiero parecer tonto, me voy a sentir avergonzado o no me gusta el rechazo." O, en vez de admitirlo, ellos dicen "A mí no me gusta vender," o, "El Mercadeo en Red no es para alguien como yo."

La respuesta modelo a esto es, (y me fastidia cuando lo escucho o lo miro por escrito) "No tienes que vender….solo comparte los productos o la oportunidad."

O peor, "No te preocupes, el producto se vende solo."

Por favor déjame que me disculpe ahora, porque yo solía decir esto también - hasta que me enteré de que simplemente no es cierto.

El elefante en la habitación - el que muchos profesionales del Mercadeo en Red no quieren reconocer o aceptar - el "elefante que vamos a sacar a caminar", es la pregunta del vender.

Es decir, para tener éxito, ¿realmente tienes que aprender a vender en el Mercadeo en Red?

En mi experiencia la respuesta es ¡SÍ! Para tener éxito, tú tendrás que aprender a vender. O deberás ser muy bueno en reclutar a otros para que ellos hagan todas las ventas por ti.

¿Sí puedes ver el problema? Todavía tienes que venderles esa idea a otros.

Pero hay EXCELENTES noticias. Tú puedes aprender, y enseñar a los demás, un modelo para vender que es muy diferente de lo que la mayoría de las personas quieren decir cuando describen las "ventas."

Puedes contactar exitosamente al aprender un modelo de comunicación que utiliza "conversaciones intencionales" más naturales. Este es un método *auténtico* de comunicarse con claridad y dirección - Y cualquier persona con un poco de práctica, puede aprender el modelo fácilmente.

Una vez que te familiarices con los principios y conceptos puedes esperar mejorar tu manera de contactar, promover, y comunicarte con la gente. Habrás aprendido a "influir en las personas con integridad" y con menos angustia y desperdicio de energía.

Mi Misión

Mi misión con este libro es hacer que sea más fácil para que hables con tus prospectos al proporcionarte un sistema que hace que el contactar sea simple, sin complicaciones y más productivo.

En el contexto del Mercadeo en Red, ser más productivo significa aumentar las ventas de tu producto o servicio; aumentar el número de personas que se unen a tu equipo; reducir el tiempo que se necesita para capacitar a las personas para que sean más productivos, y saber cuándo es probable que estés perdiendo el tiempo con la gente.

Manejando Objeciones te ayudará a entender los principios y adquirir las habilidades de comunicación necesarias para que puedas disfrutar el proceso de convertir tus prospectos en clientes o en socios de tu equipo.

Seamos honestos. Cuando no disfrutas hacer algo, tienes menos energía y encuentras razones para no hacerlo. Pierdes impulso. Pones excusas para justificar tu falta de resultados.

Por otra parte, al adquirir nuevas habilidades y hacerte bueno/a en algo, naturalmente te agrada hacerlo más seguido. Esto te da aún más energía, y esa energía se acumula de forma natural para crear impulso positivo.

Imagina esto

Imagínate sentirte más relajado y enfocado cuando estás contactando. Imagina la sensación de satisfacción saber que tienes las habilidades adecuadas y eres muy bueno para ayudar a las personas a tomar decisiones que van a suplir sus propias necesidades.

Si bien este libro se enfoca en enseñarte cómo manejar objeciones fácilmente, también aprenderás la Fórmula Para Contactar de Máximo Poder, un "modelo simple de comunicaciones basadas en principios" que te ayudarán a impulsar el potencial de tus esfuerzos al contactar.

Lo que aprenderás

... La *mentalidad* que *debes tener* para contactar eficazmente
... Lo que la gente *realmente* quiere escuchar
... Como introducir tu producto u oportunidad efectivamente
... Cómo crear y tener conversaciones de simpatía inmediata
... Cómo usar conversaciones para calificar personas
... Cómo descubrir las necesidades de la gente
... Cómo hacer una invitación basada en las "necesidades" del prospecto
... Cómo aclarar, apagar, redirigir y manejar objeciones
... Cómo aclarar los próximos pasos y enfocar el seguimiento
... Técnicas que hagan que tu comunicación vibre

Si tú estás dispuesto a tomar un poco de tiempo para aprender el arte de "conversaciones intencionales" y elevar la calidad de tu comunicación al escuchar cuidadosamente y hacer mejores preguntas, realmente puedes encontrar oportunidades para ayudar a otros y agregar valor a sus vidas.

Todo esto se trata de agregarle valor a la vida de las personas. Puede ser muy gratificante - tanto emocional como económicamente - y lo más importante, ¡tu negocio de Mercadeo en Red será posicionado para florecer y prosperar!

CAPITULO UNO

Adoptando La Mentalidad Maestra Para Contactar

"Las intenciones gobiernan la Tierra"
– Oprah Winfrey

Manejando Objeciones contiene una colección de herramientas en forma de principios, conceptos, ideas, guiones y conversaciones de ejemplo para ayudarte a aprender un sistema para el manejo de objeciones, además de un "modelo de comunicaciones para contactar" que yo llamo "La Fórmula Para Contactar de Máximo Poder."

Lo que es más importante que las herramientas es *cómo* las vas a utilizar, o tu intención fundamental por la cual quieres aprender acerca de este tema.

La claridad de intención es un concepto importante. Esto te ayudará a concentrarte en un *modo de pensar* que va a crear mejor comunicación en el prospecto, lo que realmente significa tener mejor comunicación con la gente.

Una definición de lo que es una intención es un "objetivo" o un "propósito." La intención no es llegar a una meta sino que se trata de tener una dirección constante. Cuando tus intenciones estén bien definidas, tus conversaciones parecerán fluir de manera natural – basado en la claridad de tu "propósito."

La intención más importante que puedes tener; la que *debes tener* para asegurarte de estar posicionado para convertirte en un profesional del Mercadeo en Red y excelente para contactar, es tener la intención de ayudar a la gente.

Si te enfocas en usar tus habilidades para cualquier propósito que no sea ayudar a la gente, mi mejor especulación es que vas a batallar, o fracasar completamente en este negocio.

Por supuesto que es importante tener sueños personales, metas, objetivos de ventas y cosas que quieres adquirir o lograr. Millones de personas en el Mercadeo en Red han podido lograr sus objetivos personales, financieros, y estilo de vida con libertad financiera en esta maravillosa industria.

Sin embargo, la razón por la que la mayoría de personas exitosas en el Mercadeo en Red lograron lo que querían es porque tenían una clara intención de ayudar a otros a mejorar sus vidas.

La fisiología de las intenciones

En mi opinión, a lo que Oprah se refiere cuando dice: "...Las intenciones gobiernan la Tierra"
es lo siguiente:

(Debo decir que soy un fan de Oprah. ¿Qué otro multimillonario hecho por sí mismo puede decir que ha conocido, entrevistado, y se ha hecho amigo con las personas más exitosas que Oprah Winfrey?)
Las intenciones se manifiestan físicamente. En otras palabras, tus intenciones crean (o eventualmente crearán) un resultado físico. Tarde o temprano, tus intenciones se revelan en lo que dices o no dices; lo que haces o no haces; lo que tienes o no tienes; cómo haces sentir a los demás - bien, mal, indiferente, emocionado, enfadado, esperanzado, etc. Tus intenciones se manifiestan en lo que ocurre contigo y para ti - tus resultados.

Si bien esto puede parecerte un poco metafísico, lo creas o no, en algún nivel, la mayoría de la gente puede "leer" tus intenciones. Por ejemplo, si tu intención principal es ganar mucho dinero y avanzar a los niveles sin preocuparte por el

8

éxito de los demás, la mayoría de la gente va a leer tu intención y vas a experimentar un mayor nivel de resistencia.

No es que sea malo tener la intención de ganar mucho dinero o registrar a un montón de gente. Es más una cuestión de "coincidir." ¿Lo que estás haciendo coincide con las necesidades de la gente y tiene la función de mejorar *sus* vidas?

Cuida tus intenciones. Tu público sabe

En años anteriores, mi negocio era manejar las carreras de músicos y artistas. Esto me dio la oportunidad de observar, criticar y entrenar a miles de shows en vivo.

Una de las "fisiologías de rendimiento" interesantes de las que me di cuenta, y quise enseñar era la intención verdadera de un artista. El artista se auto revelaba al encajar en una de dos áreas generales de intención.

Área uno: "¡Mírenme a mí! ¿Acaso no soy genial?"

Área dos: "¡Mírense a ustedes! ¡Yo estoy aquí para ayudarles a sentirse excelente!"

El área uno es conmemorado por un chiste de Fred Allen sobre un artista que nadie había escuchado en muchos años. Alguien le preguntó: "¿Qué pasó con esto y lo otro?"

Fred respondió, "¡La última vez que lo vi estaba caminando por el carril del amor agarrado de su propia mano!"

Entonces, ¿qué tiene que ver esto con contactar en el Mercadeo en Red?

Simplemente esto: Cuida tus intenciones - ¡tu público lo sabe!

Como ser imparable

Si tu intención principal es descubrir lo que otros necesitan, quieren o no quieren, para que puedas agregarle valor a sus vidas con tu producto o servicio, entonces te darás cuenta que las personas están ansiosas por comprar lo que tienes. Si lo haces así, experimentarás poca o ninguna resistencia.

Algunos psicólogos nos dicen que una de las mejores maneras de leer sus verdaderas intenciones es mirando sus resultados. Para algunos de nosotros esto vale la pena reflexionar sobre un momento.

Si tu intención es mejorar tu manera de contactar (conectando, invitando, calificando, manejando objeciones, etc.) para que puedas ayudar a más personas a lograr lo que necesitan y desean, serás un empresario imparable.

"La mayoría de la gente pide silenciosamente el ser liderados"

El autor y genio del mercadeo, Jay Abraham, le recuerda continuamente a sus clientes y lectores, "*La mayoría de la gente pide silenciosamente el ser liderados.*"

Esto es lo que él quiere decir: Con el fin de estar en la mejor posición para ayudar a las personas (prospectos, clientes, miembros del equipo o cualquier otra persona en la que esperas influir), debes estar dispuesto a aprender y entender sus verdaderas necesidades.

Esta es la parte en la que para apoyar sus intenciones tienes que estar dispuesto a tomar la iniciativa en tus conversaciones. ¡Aquí es donde se empieza a poner la acción a tus intenciones!

Debes estar dispuesto a "liderar" la comunicación éticamente y de manera adecuada mediante preguntas bien pensadas con el fin de comprender y resolver las preocupaciones de las personas.

La buena noticia es que la mayoría de la gente está buscando una persona capaz de tomar la iniciativa.

Ahí es donde entras tú.

La gente está pidiendo ser guiado por alguien que les pueda mostrar un camino mejor; alguien que tiene sus mejores intereses en el corazón. Tomar la iniciativa es una clave para las comunicaciones del contacto y una clave importante para el éxito en tu negocio.

Una de las mejores maneras de tomar la iniciativa es escuchando y haciendo preguntas de calidad. Ayuda a las personas a descubrir, articular y aclarar lo que quieren, necesitan o desean. A menudo, lo que ellos quieren es también lo que tú quieres.

¡Todos ganan!

La estrategia del cambio de enfoque

Al contactar, debes hacer un cambio de estrategia simple - un ajuste en el enfoque, del "yo" al "tú." Esto se hace mediante el desarrollo de la capacidad de siempre poner las necesidades del prospecto por delante de tus propias necesidades.

Esta simple estrategia convertirá tus prospectos en clientes o miembros del equipo; y algunos de ellos en amigos para toda la vida. Fortalecerá tu pasión y conexión con todos aquellos con quienes te asocias.

Esta es quizás una de las estrategias de negocios, comunicación y de la vida más poderosas que puedes emplear.

Escucha más. Habla menos. Haz preguntas

Con el fin de ser más eficaz, tendrás que aprender a escuchar más y hablar menos. Una sugerencia es escuchar alrededor del 80% y hablar el 20% del tiempo. No es una ciencia o una regla exacta, pero tal vez preguntándote lo siguiente te ayudará a entender esto un poco más:

"¿Quién quiero que tenga el control de esta conversación?"

La persona que hace las preguntas es siempre la persona que controla (y dirige) la conversación. Si estás ocupado respondiendo a preguntas de la otra persona, ellos están en control, lo que significa que están dirigiendo la conversación. Para que quede claro, no debes estar tratando de controlar a la persona, sólo el sentido positivo de la conversación.

Cuando estás teniendo una conversación para contactar, dos cosas deben estar sucediendo: Estás escuchando cuidadosamente y estás haciendo preguntas. Sugerencia: Cuanto más escuches, mejor serán tus preguntas y más eficaces.

Enamórate con lo correcto

Tú te enriqueces en proporción directa al valor que le aportas a tu mercado. Tu mercado es la gente. La gente tiene preguntas y preocupaciones que a veces ni siquiera pueden verbalizar. Aquí es donde entras tú y proporcionas valor.

La calidad de tus preguntas determina la calidad de tus respuestas. Respuestas de calidad crean más claridad. ¡La importancia de ayudar a la gente a encontrar las palabras adecuadas vale una fortuna!

Muchas personas están fuera de enfoque. Si tú puedes ayudarles a enfocarse, pueden obtener claridad; y la claridad crea certeza. La certeza genera confianza, y cuando la gente confía, tiende a tomar acción.

¿Qué quieren ellos? ¿De qué se están quejando? ¿Qué es lo que aún no obtienen? ¿Qué necesitan que no están expresando abiertamente? ¿Qué es lo que no están recibiendo de otra persona? ¿En qué área de su vida no están satisfechos?

Mi amigo y empresario tremendamente exitoso, Tom Alkazin le llama a esto, "ser consciente de las necesidades."

Todo en la vida es acerca del valor y la contribución que tú le des. Tienes que amar a tu mercado y estar conectado con tu mercado. Y tu mercado es la gente. Enamórate de ayudar a la gente.

Vende lo que la gente está comprando

Es un mundo de menos confianza y menos "amigable para mercadear." La mayoría de las personas no confían en el sistema. Ellos sienten que los están llevando a dar un paseo. A menudo tienen razón. Sospechan que puede haber mejores alternativas que nadie les está diciendo. La gente cree que no se les está diciendo toda la verdad. Ellos "no saben lo que no saben."

Cuando las personas se sienten así, terminan pensando: "Esto no es para mí."

TU trabajo consiste en demostrarles que los entiendes y que no sólo estás hablando por hablar.

Crea un puente de entendimiento. Ponte en sus zapatos. Ayúdalos a ver lo que ellos no están viendo.

Pon en palabras como es que lo que tú le estás ofreciendo les va *ayudar* a alcanzar sus metas o resolver sus problemas. ¡Tu capacidad de comunicarte de manera efectiva e influir positivamente en la gente es *tu mejor tesoro*!

Entiende que la atención se está convirtiendo en el bien más escaso en el mundo de hoy, así que tienes que recompensar la atención de la gente - tienes que aportar valor más pronto. ¿Cómo haces esto?

Dale a la gente tu atención. ¡Escucha!

¡Vende empatía, atención, conectividad, liderazgo y claridad! Vende soluciones que resuelvan los problemas de la gente.

Eso es lo que la gente está comprando.

Arriesgandote

Es interesante observar que cuando la mayoría de la gente piensa en tomar riesgos, lo que están pensando es que están arriesgando dinero. Pero muchos de los riesgos que las personas no toman - y las posibles recompensas que no obtienen - en realidad no cuestan nada.

Estos riesgos son personales.

Encontramos a una persona optimista y energética mientras salimos de compras y no somos capaces de entrar en conversación con ellos. Tenemos miedo. Tenemos un amigo que creemos que podría beneficiarse de nuestro producto u oportunidad y estamos preocupados por lo que podría pensar de nosotros. No hacemos la llamada.

No nos "arriesgamos."

En su libro, *Pathfinders*, la investigadora Gail Sheehy reveló uno de los comportamientos más sorprendentes de la "gente verdaderamente centrados. "Estas fueron las personas que disfrutaron de un enorme sentido interno de logro y bienestar.

¿Cuál fue el comportamiento en común?

¡Ellos se habían empujado a sí mismos a tomar riesgos personales!

Entiende: Tomar riesgos no siempre significa arriesgar tu dinero. A veces simplemente significa arriesgarte *tú* un poquito.

Vender tu producto, servicio u oportunidad implica tomar riesgos personales. Puedes parecer agresivo. La gente puede no devolver tus llamadas. Las personas pueden ser groseras. Te pueden rechazar. (En realidad, lo que ofreces a veces será rechazado). El rechazo puede lastimar. Corres el riesgo de sentirte emocionalmente agotado.

El filósofo de negocios, Jim Rohn, informó que la emoción más común que descubrió cuando entrenaba a personas insatisfechas fue un sentimiento de arrepentimiento. Tenían esa sensación de que de alguna manera habían hecho menos de lo que eran capaces de hacer. Y al mirar hacia atrás en su vida se preguntaron: "¿Por qué no me atreví a hacerlo?"

Las recompensas, cuando encuentras la manera de "lograrlas" pueden ser enormemente positivas - a veces asombrosas.

Hace unos años tuve la oportunidad de entrevistar a Todd Smith, maestro del Mercadeo en Red y autor de dos libros maravillosos, *El ciclo de duplicación*, y *Las pequeñas cosas importan*. Le pregunté a Todd si había algún consejo que podría ofrecerle a la audiencia.

Su respuesta fue: "Sí. Una de las claves del éxito es tener la disciplina para hacer, lo que sabe que debe hacer, incluso cuando usted no tiene ganas de hacerlo. "(Todd enfatizó con gran medida el "... lo que sabe" en su respuesta.)

Creo que todos sabemos lo que "...*Haz lo que sabes que debes hacer*", significa: Tener conversaciones intencionales, hablar con la gente, involucrarlos, contactar, promover, hacer las llamadas, conectar, invitar a alguien a ver y escuchar lo que tienes ofrecer. Tomar algunos riesgos entre otras cosas más para construir tu negocio a un nivel exitoso.

El Mercadeo en Red es simple; más que nada es entrar en conversaciones con más personas, desarrollar relaciones y ayudar a la gente. Si tuvieras que resumir qué es lo que realmente hacemos en unas pocas palabras, me gustaría ofrecerte esta descripción:

Haz un amigo. Conoce a sus amigos. Arriesgate.

Resumiendo la Mentalidad Maestra Para Contactar

... Ten la verdadera intención de ayudar a la gente.
... Está dispuesto a tomar la iniciativa en las conversaciones.
... Ten un enfoque externo: "No se trata de mí, se trata de ti."
... Enamórate de lo correcto: Ayudar la gente.
... Se "consciente de las necesidades."
... Escucha más. Habla menos. Haz preguntas.
... Vende lo que la gente está comprando: Conectividad, Atención, Liderazgo, Empatía, y Claridad.

CAPITULO DOS

La Fórmula Para Contactar de Máximo Poder

Una de las preguntas de negocios más importantes que te debes preguntar es: "¿Cuáles son el 10-20% de las actividades que va a crear un 80-90% de los resultados en mi negocio de Mercadeo en Red?"

¿Dónde debería enfocarme? ¿Qué actividad me dará el mayor retorno de mis esfuerzos?

¿En qué debo ser realmente bueno?

¡La respuesta es CONTACTAR!

La definición de contactar es: buscar, investigar, examinar y para calificar; con la expectativa o una visión del resultado.

El resultado deseado en el Mercadeo en Red es animar la adquisición o la venta de un producto, servicio o tu oportunidad. En otras palabras, *el contactar es todo lo que haces para adquirir un nuevo cliente o crear un nuevo miembro del equipo*.

¿Hay otras actividades que pueden impactar positivamente en el crecimiento de tu negocio de Mercadeo en Red? Sí - pero seamos claros - ninguna actividad por si sola te ofrecerá un mayor retorno de tu tiempo personal invertido que el contactar.

Tú capacidad de contactar efectivamente puede hacer o romper tu negocio de Mercadeo en Red - es tal vez el mayor indicador de tu futuro éxito.

La **Fórmula Para Contactar de Máximo Poder** está compuesta de varias actividades o pasos. Si el contactar fuera una receta de pastel, estos fueran los ingredientes:

(1) CONECTAR
(2) CALIFICAR
(3) INVITAR
(4) INTRODUCIR
(5) MANEJAR OBJECCIONES
(6) CERRAR
(7) SEGUIMIENTO

Si bien estas siete actividades o pasos pueden ser distintos, a menudo se mezclan a la perfección entre sí. Por ejemplo, puedes *conectar* y establecer una relación con alguien y en la misma conversación comenzarás a *calificar* al prospecto.

En el siguiente instante puedes *invitarlos* a evaluar tu negocio (o probar algún producto) y, si es el momento adecuado, puedes entregarles una herramienta para introducirles el negocio. En cualquier punto a lo largo de la conversación puedes encontrarte *manejando objeciones* y haciendo un cierre o sugerir los próximos pasos.

Mensaje del autor: Si eres un estudiante más visual o auditivo, permíteme sugerirte que después de leer este capítulo, también visites mi página www.montetaylor.com/freestuff donde puedes ver los videos que he creado gratuitamente para ayudarte a aprender e internalizar los **Pasos Poderos Para Contactar***.*

Para mayor claridad, vamos a definir y ampliar las siete actividades que conforman el contactar:

1. Conectar - Crear una buena relación; una relación de armonía y entendimiento mutuo; una estrecha relación o confianza marcada por un sentimiento de amistad, cercanía o parentesco.

2. Calificar - Demostrar ser capaz; cumplir con los requisitos; ser elegible para algo o para determinar si algo o alguien es adecuado.

3. Invitar – Dar la bienvenida, sugerir, atraer, o pedirle a alguien a hacer algo o la solicitud de participación.

4. Introducir - Presentar; dar a conocer o llevar acabo ante el público; ofrecer para la observación, revisión o consideración; para mostrar o compartir.

5. Manejar Objeciones - Manejar con éxito, responder, redirigir, superar o responder dudas, la oposición, inquietudes o preguntas de un prospecto.

6. Cerrar - Concluir, completar. Llegar a un acuerdo; cerrar el trato.

7. Seguimiento – Continuar o seguir hasta su finalización. Para aumentar la eficacia o aumentar el éxito y mantener en continuidad el proceso.

Dos habilidades esenciales de apoyo

Hay dos habilidades esenciales que permiten contactar exitosamente:

1. Su habilidad para ESCUCHAR.

2. Su habilidad de hacer PREGUNTAS (de calidad).

La importancia de escuchar atentamente es sentido común para la mayoría de la gente, pero llevarlo a la práctica no necesariamente es tan común. La mayoría de la gente no escucha con la intención de entender, pero con la intención de responder. La mayoría de la gente está ocupada hablando o preparándose para hablar.

No seas como la mayoría de la gente - comprométete a ser un "comunicador maestro", un "profesional para contactar" que sabe escuchar.

Una vez que desarrolles el hábito de escuchar atentamente, será mucho más fácil desarrollar la habilidad de hacer preguntas de calidad y tener "conversaciones intencionales."

1. CONECTAR - Crear una buena relación; una relación de armonía y entendimiento mutuo; una estrecha relación o confianza marcada por un sentimiento de amistad, cercanía o parentesco.

Lo mejor "para llevar" de la fiesta

Supongamos que estás en una fiesta. Hay mucho ruido y estás escuchando a alguien hablar. De repente, oyes tu nombre mencionar en otra conversación a unos pies de distancia. Lo que pasa (para la mayoría de nosotros) es que te quieres sintonizar rápidamente en la conversación "acerca de ti" y te desconectas de la conversación que "no se trata de ti." Es simplemente la naturaleza humana.

Como la mayoría de la gente, tú sólo puedes escuchar y estar interesado en una conversación a la vez y lo que va a tomar de inmediato tu atención es *cualquier conversación acerca de TI.*

Lo que se puede aprender de "Lo mejor para llevar de la fiesta" es que decenas de conversaciones (internas y externas) se llevan a cabo alrededor de la gente en cualquier momento dado.

Así que... si quieres captar rápidamente la atención de alguien (y "conectar") entonces involucra a la persona en una conversación que se enfoque directamente en él o ella.

"Alicia, Araceli me dice que eres una de los maestras más dotadas que conoce. ¿Te importaría decirme qué te hizo decidir convertirte en maestra?"

(Siempre que sea posible, dale a la persona un elogio sincero y ¡sigue con una pregunta que muestra interés en aprender más sobre ellos!)

"Goyo, entiendo que eres un experto en medios de comunicación social. Me encantaría saber cómo aprendiste sobre todo eso. ¿Podrías decirme más?"

"Buscar primero entender y luego ser entendido" – Steven Covey

Conectar al enfocarse en escuchar y entender a las personas no es una técnica - **es un principio** - y uno de los *7 hábitos de la gente altamente efectiva* de Steven Covey.

El Mercadeo en Red se basa en la construcción de relaciones; ¡conectar y crear una buena relación es absolutamente esencial! Desde el momento en que te encuentras con un prospecto en el teléfono o en persona, siempre hay que empezar primero por tratar de construir una buena relación y conectar con esa persona.

El mensaje que debes desear enviar es: *"Tu eres una persona muy interesante. Me gustaría llegar a conocerte mejor."*

Saber crear confianza y caer bien son atributos de una buena relación. Vamos a conocernos mejor. Con el tiempo, tal vez podamos aprender a confiar y relacionarnos bien.

Preguntas para conectar

Aquí hay algunas preguntas (y declaraciones) para conectar para ayudarte a entrar en conversaciones cómodamente.

También pueden ayudar a evitar que suene como un "interrogante" cuando estás conociendo a una persona mejor.

Recuerda, estás tratando de conectar, y si el momento es adecuado, aprende cómo puedes ser capaz de ayudar a alguien con tu producto, servicio u oportunidad de negocio.

"Me pregunto..."

"Tengo la curiosidad..."

"¿Estaría usted dispuesto a...?"

"Por favor, dime acerca de..."

"Me interesa saber más acerca de..."

"¿Me puedes contar más sobre ti mismo?"

"Me pregunto ¿qué es exactamente lo que quería decir con..., LLENE EL ESPACIO?" (Algo que han dicho que le gustaría ampliar o aclarar).

"Tengo curiosidad acerca de, LLENE EL ESPACIO" (su trabajo, su coche, su familia, algo que dijeron, algo que están usando).

"Tengo curiosidad... ¿qué es lo que más le gusta acerca de, LLENE EL ESPACIO?"

"Por favor, dime más acerca de tu trabajo, suena interesante. "O," *Por favor, dime qué proyectos en los que estás trabajando te tienen más entusiasmado."*

"¿Evaristo, cuéntanos la historia de cómo se conocieron tú y Araceli?"

Conectar y construir relaciones no es sólo el primer paso en el contactar; es una parte esencial de cualquier método de comunicación. El conectar significa desarrollar una relación de armonía, acuerdo o afinidad.

¿Cómo sabes cuándo lo tienes? Algunas personas describen una relación como un sentimiento positivo; un sentido compartido de consuelo y comprensión; un levantamiento general de energías y espíritus mutuos.

Conectar es como el dinero, su valor aumenta drásticamente cuando no la tienen y cuando lo tienen las oportunidades parecen abundar.

¿Cómo se puede conectar de forma rápida y desarrollar una buena relación?

¡Escucha con atención a las personas! Usa preguntas para construir un puente de confianza y entendimiento. Interésate en aprender acerca de ellos, sus valores y sus necesidades. Busca oportunidades para ayudar a las personas a obtener resultados positivos con tus productos o tu oportunidad de negocios; pero asegúrate de que ayudar a la gente es tu intención principal.

Una manera simple de conectar con la gente

No hay mejor manera de conectar y comenzar a construir la relación rápidamente que el ser entusiasta desde la primera vez que saludas a alguien. Puedes hacer esto mediante el envío de un mensaje claro con tu voz, tono y actitud, que estás absolutamente, y genuinamente encantado de reunirte con ellos; o si ya se han conocido, transmite que estás gustoso de volver a verlos.

Casi todo el mundo puede pensar en alguien en su vida; un tío o tía favorito, amigo, hermano o alguien que siempre parecía muy contento de verte. No estoy sugiriendo que empalagues o exageres al expresarte – simplemente debes ser consciente. No hay que subestimar como la forma en que primero saludas a alguien tiene el poder de establecer un tono positivo y tener un impacto favorable.

Evita la trampa de "Yo soy interesante"

Hay una trampa que todos tenemos que tener en cuenta, y eso es el error de orientar el enfoque de la conversación acerca de ti en lugar del prospecto.

Por ejemplo, si alguien menciona que son de San José, California. Tu puedes comentar: *"¡Oh, maravilloso! Yo viví ahí y tengo familia que todavía vive ahí."* (Hasta aquí todo está bien... te estás relacionando... tu ahora tienes algo en común para conectar y platicar.)

Entonces cometes el error de continuar y decirles sobre donde creciste, donde viviste, la escuela a la que fuiste, tu primer trabajo, tu próxima reunión,... bla, bla, bla. Acabas de enfocar la conversación en TI.

Has caído en la trampa de tratar de conectar al *ser interesante* y no por *interesarte en ellos*, cambiaste el enfoque del prospecto hacia ti.

Por supuesto que es importante compartir tus valores e intereses que tienen en común, pero asegúrate de que estás comunicando tu interés en ellos en lugar de tratar de mostrarles que TÚ eres interesante.

He aquí un ejemplo de cómo responder para conectar y crear una buena relación, pero manteniendo el enfoque de la conversación en el prospecto. El secreto consiste en responder y luego seguir su respuesta con una pregunta.

Prospecto: *"Me acabo de mudar aquí de San José."*

Tu: "¡Oh, maravilloso! Yo viví ahí y tengo amigos y familiares que todavía viven ahí. ¿Te gusta vivir ahí? ... ¿Qué te trajo aquí? ... ¿Todavía tienen familia allá?"

Enfócate en estar interesado – no ser interesante. No te preocupes. Si realmente te interesas por las personas, ellos te van a ver como una persona muy interesante.

Importante: El primer paso en la "prospección de poder" es conectar y crear una buena relación. Sin esto, la comunicación rara vez será un éxito completo.

2. CALIFICAR - Probar capaces o ajuste; cumplir con los requisitos de; hacer elegible para algo o para determinar si algo o alguien es adecuado.

Cuando la mayoría de la gente piensa en calificar a alguien, piensan en como averiguar si las personas tienen suficiente dinero o crédito para comprar un producto o servicio.

Como maestro para contactar, tú quieres pensar en cómo descubrir o identificar las necesidades o deseos de las personas, para que puedas determinar una de las siguientes opciones:

1. Si quieres invitar a esa persona a mirar o revisar tu negocio o producto.

2. Cuál sería la mejor manera de invitar a esa persona a mirar o revisar tu negocio o producto.

Muchas de las mismas preguntas que utilizas para conectar y establecer una buena comunicación también proporcionará información valiosa para ayudarte a calificar las necesidades de tus prospectos.

Las preguntas calificadoras son la respuesta para

determinar las necesidades

"Me pregunto…"

"Tengo la curiosidad…"

"¿Estarías dispuesto a…?"

"Dime más acerca de…"

"¿Te molestaría si te pregunto acerca de…?"

Preguntas calificadoras para negocios y salud financiera:

"Iván, ¿cómo te va en tu trabajo?"

"Beto, ¿cómo está afectando tu negocio esta economía?"

"Oscar, ¿cómo va todo en tu vida?"

"Felipe, ¿cómo te la estás pasando?"

"Don Rafa, ¿alguna vez ha pensado en proteger su familia con un plan B?"

Preguntas calificadoras para la salud y el bienestar:

"Alma, ¿cómo le haces para mantenerte con energía todo el día?"

"Doña Tere, ¿cómo se cuida para prevenir enfermedades?"

"José Luis, ¿Cómo se asegura que sus hijos (o familia) se alimenten correctamente?"

"Silvia, del 1 al 10, ¿qué tan importante es tu salud?"

"Norberto, ¿que estás haciendo para reducir tu nivel de estrés y mantenerte saludable?"

Preguntas calificadoras para estilo de vida:

"Elia, ¿Cómo deciden a donde ir de vacaciones con la familia?"

"Santiago, ¿Cuándo fue la última vez que fueron de vacaciones?"

"Chava, ¿Has pensado que le pasaría a tu familia si no pudieras seguir trabajando?"

"Esmeralda, ¿alguna vez has sentido que no tienes suficiente tiempo para hacer lo que realmente quieres?"

Una vez que aprendas que la persona esta "menos que satisfecha" con algo en su vida personal o su negocio, estarás posicionado para hacerle una invitación que se dirija a su necesidad, deseo o problema y ofrecer posibles soluciones.

La diferencia entre Sujetos y Prospectos

Una pregunta importante que te puede ahorrar tiempo y que debes hacerte a la hora de contactar es: "¿La persona con la que estoy hablando es un prospecto de calidad... o, en realidad, sólo un sujeto?"

Los sujetos *no están* calificados - Los Prospectos son pre-calificados

¿Cómo sabes cuál es cuál?

¡Califícalos con preguntas!

Sujeto: Alguien que no has calificado en términos de buscarle una necesidad o deseo. Tienes poca o ninguna idea si la persona podría querer o necesitar lo que tienes que ofrecer. Puedes pensar que lo necesita pero no has confirmado haciendo preguntas. Porque no has determinado si hay una necesidad, no estás posicionado para hacerle una invitación de manera eficaz para mostrarle lo que tienes que ofrecer.

Prospecto: Una persona que ha sido calificada. Esta persona ha compartido suficiente información contigo para que puedas determinar que en efecto califican para una invitación a revisar lo que tienes que ofrecer.

Importante para recordar: El calificar a alguien es descubrir o identificar las necesidades de una persona para que pueda decidir la mejor manera de invitar a la persona para revisar tu producto, oportunidad o ambos. Los Maestros para contactar saben que el calificar a las personas es vital para su éxito total y les puede ahorrar drásticamente el tiempo y energía.

3. INVITAR - Acoger, sugerir, atraer; para ir después; pedir a alguien a hacer algo o solicitud de participación.

El próximo paso es INVITAR. Hay tres objetivos primarios en la invitación.

1. El conectar tu invitación al dolor del prospecto, sus necesidades, o deseos de una manera que sugiera u ofrezca una posible solución.

2. Despertar el interés y la curiosidad para que los prospectos quieran aprender sobre tu producto o negocio tan pronto como sea posible.

3. Tener una cita confirmada (una hora o fecha acordada) para que una persona se reúna contigo o esté dispuesto a revisar cualquier otra herramienta que le estés proporcionando de manera introductoria.

Una vez que tengas la seguridad de hacer preguntas calificadoras y de invitación vas a tener la habilidad de poder calificar e invitar durante la misma conversación. En el siguiente ejemplo, se comienza con un saludo sincero seguido de un cumplido y una pregunta. Como el prospecto te dio una entrada (te compartió alguna necesidad), se puede proceder directamente a una invitación.

Recordatorio: Hay poca o ninguna posibilidad de una interacción positiva sin desarrollar una relación. Comienza siempre con un "hola" simpático y agradable y un par de preguntas sinceras. Encuentra maneras de hacer un cumplido sincero. Si compartes genuino respeto o admiración por la persona, adelante y comenta por qué, pero *asegúrate de ser auténtico.*

"Hola Juana, ¿cómo estás?"

Juana: *"Muy bien."*

"¿Todavía trabajas en el hospital?"

Juana: *"Si, todavía trabajo ahí."*

"Siempre he admirado que buena trabajadora eres. ¿Todavía disfrutas de tu trabajo?"

Juana: *"Si, pero trabajar los fines de semana ya empieza a calarme. Trabajo más fines de semana de los que quisiera…pero pues no hay de otra."*

"Ya me imagino lo difícil de tener que trabajar los fines de semana…"

(Hasta ahora has conectado y calificado a Juana al descubrir una posible área de necesidad; ella siempre está trabajando los fines de semana. Ahora puedes ir directamente a tu invitación).

Recuerda: Siempre que sea posible, enfoca tu invitación a las *necesidades* de la persona.

La invitación al negocio

"Carmelo, tengo una idea de negocios muy interesante que puede ayudarte a resolver tu problema. ¿Estarías abierto a ver algo para informarte o estás completamente satisfecho con lo que estás haciendo?"

"Víctor, ¿qué día nos tomamos un café para compartirte algo que estoy haciendo?"

"La razón por la que pregunto es porque que he descubierto un concepto que tiene un enorme potencial de ingresos y puede resolver... (El problema o situación del prospecto) *¿Estarías abierto a echarle un vistazo o estás completamente satisfecho con lo que estás haciendo?"*

O:

"Juan, he estado pensando en lo que platicamos la semana pasada...ya tenemos tiempo de conocernos, pero nunca hemos hablado de negocios. ¿Qué te parece si hablamos de cómo ganar dinero?"

"Acabo de mirar una presentación y creo que te puede gustar también. ¿Estarías abierto a una idea de negocios que podemos trabajar y desarrollar juntos?"

"Don Ernesto, he estado pensando en usted porque siempre he admirado (su energía, entusiasmo, ética de trabajo, deseo de ayudar a las personas, etc.)*"*

"¿Estaría abierto para platicar de cómo podríamos trabajar juntos en esta idea o estás completamente satisfecho con lo que estás haciendo?"

La invitación para "resolver un problema"

"He estado pensando en nuestra última conversación (llenar la necesidad... por ejemplo, si dijeron que nunca tienen

tiempo libre) *y creo que tengo una posible solución. ¿Estarías abierto a escuchar de qué se trata?"*

"¿Qué día de la semana nos podemos ver para platicar más acerca de esto?"

"La razón por la que pregunto es porque la última vez que hablamos, dijiste que (menciona el problema o situación económica de tu prospecto).*"*

"Encontré una idea que tiene mucho potencial. ¿Estarías abierto a ver de qué se trata o estás contento con lo que estás haciendo?"

"La última vez que hablamos, me compartiste lo mucho que la economía está dañando tu negocio. Hay una información que creo que te beneficiará verla. ¿Tienes acceso al Internet?"

"Flor, nos has dicho varias veces lo doloroso que ha sido para ti el perder tantos eventos de la escuela de tus hijos debido a tu trabajo. Creo que tengo una posible solución. ¿Estarías abierta a reunirte para compartirte esto?"

"Fernando, sé lo difícil que tu trabajo ha sido este año. Si hubiera un negocio que podrías empezar a tiempo parcial y que más tarde pudiera reemplazar tus ingresos a tiempo completo, ¿sería algo que te gustaría investigar?"

La invitación de descubrimiento

"Ernesto, ¿cómo te va en tu trabajo?"

"Lupe, ¿cómo te ha afectado tu negocio esta economía?"

"¿Cómo te va? ¿Cómo te la estás pasando estos días?"

Si después de enterarte que no están satisfechos con su trabajo, o su estilo de vida está siendo afectada negativamente, puede pedirles que elaboren o simplemente preguntar,

31

"¿Estarías abierto a mirar un concepto de negocio que tiene un tremendo potencial financiero?"

"Déjame hacerte una pregunta. Si hubiera un negocio que se puede comenzar a tiempo parcial y que con el tiempo podría reemplazar tus ingresos de tiempo completo, ¿te interesaría saber de qué se trata?"

"Tina, si yo pudiera mostrarte un negocio de tiempo parcial que te permite ganar dinero extra en tus ratos libres mientras los niños están en la escuela, ¿te gustaría saber de qué se trata?"

Invitaciones en las redes sociales

Invitaciones masivas a tu "mercado caliente" son impersonales y nunca han sido una forma efectiva de invitar a la gente a aprender acerca de tu negocio o producto. Mensajes personales directos son siempre los mejores. Si vas a usar Facebook, por ejemplo, sólo utilízalo para hacer una cita para hablar por teléfono o en persona.

"Hola Alberto. Espero que te encuentres bien. Tengo algo que me gustaría compartir contigo. ¿Estarías disponible mañana entre las 3 y 5 de la tarde o el martes entre 10 a 12 del día? Me avisas a que número quieres que te llame. Espero hablar contigo pronto."

"Diana, ¿podemos hablar hoy o mañana? Basado en lo que pusiste en tu perfil hace unas semanas tengo una idea que quiero compartir contigo. Por favor, envíame tu mejor día y hora para platicar contigo."

"Hola, Bernardino. Mencionaste en uno de tus mensajes que has estado teniendo algunos problemas de salud últimamente. No quiero ser entrometido, pero ¿estarías

abierto a algunas ideas? Si es así, dime que día podríamos hablar y te daré más información."

Cuando conozcas personas nuevas cada día, haz preguntas acerca de sus puestos de trabajo o sus vidas. Cuando respondan, escucha con atención para ver si puedes identificar una necesidad, preocupación o dolor que tu negocio o producto podría ayudar a resolver.

Recordatorio importante: Si tú eres "consciente de las necesidades" e inviertes tiempo para aprender acerca de los desafíos que una persona está experimentando, entonces estarás bien posicionado para ofrecer una invitación eficaz para que revisen tu producto, servicio u oportunidad de negocio.

4. INTRODUCIR – Presentar; dar a saber; ofrecer para observar, examinar o considerar; mostrar o hacer que algo sea recibido.

Una vez que hayas llevado a tu prospecto a través de los pasos CONECTAR, CALIFICAR e INVITAR, ya estás listo para uno de los pasos más fáciles y agradables; y eso es el introducir tu producto u oportunidad.

¡La clave para INTRODUCIR es identificar una o más de las herramientas profesionales de tu empresa y permitir que la herramienta haga el trabajo!

Una de las cosas más importantes a tener en cuenta con las herramientas profesionales es que *tu eres el mensajero, no el mensaje* - piensa en tí mismo como el comercial de 30 segundos que está promocionando el próximo programa o una película.

Estas son algunas de las maneras más recomendadas para presentar e introducir tu producto o negocio a otros utilizando herramientas producidas profesionalmente:

... CD's
... DVD's
... Audio o video por internet en vivo
... Tu página de negocios
... Llamadas de presentación o conferencias introductorias pre-grabadas
... Los materiales impresos como catálogos de venta, folletos, presentaciones de PowerPoint y revistas de la compañía y otros medios impresos.

El uso de herramientas producidas profesionalmente tiene varias ventajas:

1. El uso de herramientas es más duplicable – cualquier persona puede compartir una herramienta o dirigir un prospecto a un audio o enlace de vídeo en Internet. No todo el mundo puede ofrecer una presentación conmovedora, sobre todo cuando son nuevos en el negocio.

2. Es eficiente - se pueden utilizar las herramientas para calificar a las personas que están realmente interesados en tu negocio o producto. La gente puede repasar la herramienta cuando es conveniente para ellos. Es más fácil para muchas personas revisar una herramienta en vez de asistir a una presentación.

3. Una herramienta producida profesionalmente a menudo es más *creíble* que una presentación personal - y más *consistente* también.

4. Una persona puede repasar las herramientas de introducción más de una vez – y cada vez puede obtener más información o desarrollar más confianza en lo que le estás ofreciendo.

5. A la mayoría de la gente se le hace más cómodo y sencillo ofrecer una herramienta profesional en vez de tener que hacer una presentación

INTRODUCE vía "Presentaciones individuales"

... Presentaciones Uno-a-uno - es cuando te reúnes personalmente con tu prospecto en su casa, una cafetería o cualquier otro lugar que está generalmente libre de distracciones. Es una presentación donde compartes la información de tu producto o la oportunidad en privado y tal vez apoyas tu presentación con los materiales de apoyo como folletos y revistas o videos e incluso aplicaciones en tu teléfono o tableta.

... Presentaciones Dos-a-Uno- es cuando tú y uno de tus socios de negocios se reúnen con un prospecto en un lugar adecuado, o por medio de una conferencia telefónica. Esto te da la oportunidad de tener una tercera persona con experiencia para que pueda manejar mejor la presentación, además de que te permite escuchar y aprender cómo introducir el negocio. (Para descargar mi informe y entrenamiento gratis llamado, "*Lista de verificación, consejos y guiones de ejemplo para llamadas de conferencia de éxito,*" ve a mi página: www.montetaylor.com/freestuff)

... Presentaciones pequeñas - Esta es una oportunidad para introducir tu negocio a un grupo pequeño, tal vez en tu casa o casa del prospecto, un pequeño salón, una sala de reuniones o cualquier otro lugar adecuado. Tú y tu pareja pueden manejar la presentación para sus invitados y siempre que sea posible apoya tu presentación con herramientas profesionales.

... Presentaciones en grupo - Estos son otro tipo de presentaciones introductorias en persona que por lo general se llevan a cabo en un hotel o una sala de banquetes en un club de campo o restaurante. Normalmente estas presentaciones cuentan con uno o más distribuidores principales que introducen la oportunidad de negocio y/o los productos. Presentaciones en grupo son más eficaces para proporcionar información a las personas que ya se han introducido a través de una herramienta o presentaciones personales. No se recomiendan como primera introducción.

Las ventajas de introducciones personales

1. Da la posibilidad al presentador de personalizar la presentación para el público.

2. Crea una oportunidad para que tenga toda la atención de los prospectos y de la audiencia durante la presentación y eliminar las distracciones externas.

3. Crea una oportunidad para que la persona o el público puedan interactuar y hacer preguntas después de la presentación, y quizás mirar o probar algunos productos tambien.

Preguntas de introducción

He aquí algunas preguntas que se le pueden hacer a un prospecto (o a los invitados) antes de empezar una presentación. En algunos casos se les puede pedir a la audiencia considerar o levantar la mano para responder, pero no responder necesariamente en voz alta.

"¿Alguna vez has pensado en lo importante que podría ser la creación de un "Plan B" por si algo sucediera con tus ingresos actuales o con tu trabajo?"

"¿Cuántos, si se les diera a escoger, elegiría vivir sin la presión financiera?"

"¿Has pensado en cómo puedes crear un muy buen ingreso extra con un esfuerzo a tiempo parcial?

"¿Qué puede hacer hoy para crear un jonrón económico?"

"¿Dónde vas a plantar tu bandera de la libertad financiera?"

"¿Cuál es tu número de la libertad financiera?" (Mira al capítulo 11)

Preguntas de cierre

(Después de haberle compartido tú negocio a tu prospecto)

Nota: Estas también son preguntas de continuidad que te ayudarán a conducir naturalmente a los dos pasos siguientes en La Fórmula Maestra para contactar: MANEJAR OBJECIONES (preguntas o preocupaciones) y EL CIERRE.

"¿Qué fue lo que más te gustó acerca de lo que viste o escuchaste?"

"¿Te ves más como una persona consumidora del producto (o servicio), un constructor de negocios, o las dos cosas?"

"¿Qué tipo de flujo de ingreso residual te gustaría crear?"

"¿Te gustaría ganar un poco o mucho dinero?"

"¿Le gustaría saber los pasos a seguir?"

"¿Hay algo más que usted necesita saber antes de unirse a nuestro equipo?"

"En una escala del 1 a 10, 1 siendo bajo, ¿cómo calificaría su nivel de interés después de ver la presentación?"

"¿Estás listo para empezar?"

Importante recordatorio al introducir con una herramienta: No olvides de ser el mensajero, no el mensaje. Tu trabajo es simplemente introducir la herramienta creando interés y entusiasmo y obtener el acuerdo del prospecto que va a (1) revisar la herramienta y (2) proporcionar sus comentarios u observaciones.

5. MANEJANDO OBJECIONES – Responder, redirigir, superar o contestar las dudas, la oposición, inquietudes o preguntas de tu prospecto.

Quizás el reto más grande para la mayoría de los empresarios del Mercadeo en Red - el que detiene a muchos a contactar - es el miedo a qué decir y como contestar efectivamente las preguntas u objeciones de la gente.

Uno de los primeros retos qué tienes qué superar es tu miedo a manejar la resistencia verbal, situaciones, y a veces preguntas de "alta energía."

... "No me gusta vender."
... "No quiero obligar a qué compren."
... "¿Esto es una pirámide?"
... "Si esto es un multinivel, ¡no estoy interesado!"
... "Ah, esas cosas nunca funcionan."
... "Los productos están muy caros."
... "Estoy demasiado ocupado, no tengo tiempo."
... "No todos ganan dinero en eso."

Por cierto, estos son simplemente creencias o respuestas automáticas de la gente. Parte de lo que es manejar objeciones es entender qué algunos de los miedos y objeciones de tus prospectos son legítimos y algunos están basados en creencias erróneas o mal informadas.

rutinaria. "estoy demasiado ocupado, "ponderán de forman, r¾s
En un momento aprenderás acerca de las "preguntas de expansión" poderosas que te ayudarán a determinar si estás tratando con una creencia, una respuesta automática, o una verdadera objeción.

preguntas y la voluntad y la *intención de ayudar a la gente.tes*

Dos tipos de objeciones

Hay dos tipos básicos de objeciones: Expresadas y no expresadas.

1. Objeciones expresadas son cuando un prospecto dice algo como: "No me gusta vender."

O

"Este producto parece demasiado caro."

A veces lo que expresan no es claro; por lo que tendrás qué seguir y hacer negocios contigo.ı la gente quiere estar cerca,ıs

de las personas y les sirve.ıendo, le añade valor a las vidasıeı

Escuchar/Siento/Sentí/Encontré/Preguntar

Este es tu primer SISTEMA para la manejar objeciones:

Escuchar/Siento/Sentí/Encontré/Preguntar es un sistema muy simple de "flujo de comunicación", que te ayudará a ser mucho más eficaz en responder a las objeciones de la gente.

Tu primer objetivo es *escuchar atentamente* lo que tiene que decir tu prospecto antes de hacer cualquier otra cosa. No te olvides, el escuchar atentamente es un principio fundamental importante del éxito de este sistema.

Escuchar atentamente es tan importante para la Fórmula Maestra Para Contactar como el oxígeno es para la respiración.

La gente quiere ser respetada. La gente quiere ser reconocida. Tú puedes lograr las dos cosas al escuchar cuidadosamente mientras alguien está hablando, expresando una inquietud o haciendo una pregunta.

No te limites a escuchar sólo con los oídos. Escucha con los ojos, la cara y tu lenguaje corporal. Presta atención al lenguaje corporal de las personas.

¿Recuerdas algún momento en que alguien estaba fingiendo escucharte? Todos hemos tenido experiencias de esas cuando nos damos cuenta de que alguien no está realmente escuchando lo que estamos diciendo. Están jugando con su teléfono celular o enviando mensajes de texto... o tu puedes, literalmente, sentir que se están preparando para saltar con una respuesta.

ninguna oportunidad de conexión o relación.ido. Hay poca o
Hay profesionales que ganan seis y siete cifras de ingresos anuales, ya que han desarrollado habilidades para escuchar de muy alto nivel. Su capacidad base es escuchar. Muchos te dirán que pasan la mayor parte de su tiempo simplemente escuchando cuidadosamente y con atención antes de responder o asesorar a las personas.

¿Alguna vez has notado cuan apoyado y respetado te sientes cuando la persona con la que estás hablando está tranquilo, en tu misma sintonía, consciente y muy decidido a aprender acerca de lo que sea que le quieres comunicar?

No cometas el pecado de distraerte cuando otros te estén hablando

Así que en primer lugar: ESCUCHA con atención a la objeción, para averiguar si se trata de un miedo, preocupación, pregunta o creencia.

Escuchar/Siento/Sentí/Encontré/Preguntar

Después, reconoce su objeción. Reconoce su derecho absoluto para expresar una preocupación y ofrecer su punto de vista.

Tu puedes hacer esto mediante dándole las gracias por compartir su objeción, lo que confirma tu comprensión de la objeción y haciéndoles saber (si es verdad) que tu u otros han tenido las mismas o preocupaciones similares.

Fundamentalmente, se trata de hacerles saber que aprecias su punto de vista. Tú no tienes que estar de acuerdo con ellos, pero a pesar de todo respeta y valora su derecho a expresarse.

Aquí hay algunos ejemplos:

Prospecto: "*Yo simplemente no creo que pueda vender. Me incómoda tener que vender.*"

Tu: "*María, que bueno que me dices eso. Mucha gente se **siente** de la misma manera... simplemente no se sienten cómodos con lo que parece vender al principio. En realidad, yo me **sentía** de la misma manera al principio... pero lo que **encontré** fue que con una capacitación excepcional de la compañía, además de unos cuantos días de práctica... Aprendí que podía hablar fácilmente con a casi cualquier persona acerca de nuestros productos y la oportunidad.*"

O:

Tu: "*María, tienes razón en. Gracias por mencionar esto. Me sorprendió cuando me **enteré** de que muchos de los de mejor empresarios en nuestra compañía se **sentían** de la misma manera que tú al comienzo. Ellos no tenían experiencia y no **sentían** que podrían tener éxito... pero lo que **encontraron** fue que con la capacitación excepcional de la compañía, además de unos cuantos días de práctica... que si podían hablar fácilmente con la mayoría de la gente acerca de nuestros productos y la oportunidad.*"

Hasta ahora has (1) escuchado, (2) reconocido cómo se sienten, (3) validaste su preocupación señalando que tú y otros se sintieron de la misma manera, (4) compartiste la información positiva que tú y otros encontraron.

El siguiente paso es *hacer una pregunta* para aclarar que has manejado o contestado su objeción o preocupación, y si es así, los vas a guiar hacia los pasos de acción o a que obtengan más información - un evento, entrenamiento, libros, CD - o a que conozca una persona que conteste sus necesidades, deseos o inquietudes.

Tu (con una pregunta): "*María, ¿si supieras con certeza que podemos entrenar a cualquiera que esté dispuesto y se deje enseñar para que puedan sentirse cómodos y eficaces en poco tiempo, eso te daría más tranquilidad? ¿Estarías dispuesta a venir a nuestro seminario de "aprender a vender sin vender" el próximo fin de semana para que puedas ver por ti misma cómo nos ayuda nuestra capacitación especialmente para gente como tú y como yo?*"

Recuerda, tú no estás en una guerra de palabras. Tú no estás tratando de ganar una "batalla." No saltes sobre tus prospectos o los opaques con preguntas groseras o irónicas. Tómate tu tiempo, escucha y estate atento.

Recuerda también; parte de lo que la gente está buscando ver es cómo *tú* te comportas. Quieren averiguar si tú eres un líder a quien pueden seguir, creer y aprender de ti.

Cuando comiences a manejar preguntas y objeciones cómodamente te estás poniendo en condiciones de construir un puente o una relación con esa persona. En el principio tú eres su "socio para pensar." Si se unen a ti, se pueden convertir en verdaderos miembros de un equipo.

También, estás calificando la posible relación con el prospecto. Tu puedes decidir después de la "conversación", en función de su situación actual, necesidades u otros factores, que esa persona realmente no es adecuada para tu equipo.

Variación: responder con una pregunta

Una estrategia muy eficaz es responder primero (después de escuchar) **con una pregunta** que les invita a ampliar su objeción inicial.

Por lo tanto:
Escuchar/**Pregunta**/Siento/Sentí/Encontré/Pregunta

He aquí un ejemplo:

Prospecto: *"¿Entones, es esta una de esas pirámides?"* O *"¿es eso de multinivel?"*

Tu: *"Señora Josefina, esa es una buena pregunta. Le importaría si le pregunto primero, ¿cuál es su experiencia con el multinivel?"*

Prospecto: *"Acabo de escuchar que muchas personas tienen problemas con eso, y sólo unas pocas personas que están arriba son los que ganan dinero"*... etc., etc...

Tu: *"Señora Josefina, sé cómo se **siente**, y francamente yo me **sentí** de la misma manera al principio. Pero lo que **encontré** fue que lo que realmente hacemos es el marketing social. Es una industria próspera con millones de personas buenas que comparten su pasión por los productos y disfrutan el éxito que viene con ser dueño de su propio negocio."*

Con esto, tú le has respondido y ahora puedes hacer algunas preguntas:

"Señora Josefina, tengo un DVD creado por una de las mentes de negocios más importantes del mundo, y en este DVD esa persona comparte su investigación independiente sobre nuestra industria. ¿Estaría usted dispuesta a verlo entre hoy o mañana para que pueda obtener otro punto de vista adicional?"

"Tengo un folleto (artículo, cinta, folleto, enlace de video) acerca de la industria por el autor _____. ¿Estaría

usted dispuesta a revisarlo en los siguientes dos días y darme sus comentarios? Estoy muy interesado en saber lo que más le gusta de esto."

Escuchar/Siento/Sentí/Encontré/**Preguntar**

Recuerde: Al final de cualquier intercambio, trata de hacer una pregunta para confirmar que has contestado adecuadamente su preocupación y luego pregunta si está dispuesta a dar el siguiente paso.

Tu: *"David, tengo este libro, El negocio del siglo 21, escrito por el autor reconocido Robert Kiyosaki. Me encantaría saber tu opinión. ¿Estarías dispuesto a revisarlo en los próximos dos o tres días y compartir tus impresiones conmigo?"*

Tu: *"Lucy, estoy de acuerdo con lo importante que es que tengas tu propia experiencia positiva con nuestro producto para que veas lo bueno que es y también te emocione ganar dinero con estos productos. Permíteme ayudarte a hacer tu primer orden hoy." O: "Tengo producto para que te lo lleves a casa y lo pruebes, ¿de acuerdo?"*

Tu pregunta: *"¿Podría también sugerirte que hables brevemente con algunos de mis clientes para que puedas obtener algunas ideas sobre cómo nuestro producto está ayudando a los demás?"*

Ahora tienes el primer sistema para Manejar Objeciones

Escuchar/Siento/Sentí/Encontré/Pregunta

O,

Escuchar/Pregunta/Siento/Sentí/Encontré/Pregunta

¿Cómo se decide cuál utilizar? ¡Buena pregunta!

¿Cuánta información necesitas? ¿Qué tan interesado estás en llegar a la raíz de su preocupación? ¿Cuánto tiempo tienes? ¿Qué te dice tu intuición?

En los siguientes capítulos aprenderás algunos guiones adicionales que utilizan el sistema de Escuchar/Preguntar/Siento/Sentí/Encontré/Preguntar. Además voy a introducir un segundo sistema para Manejar Objeciones llamada **AVVIS**, que es similar pero un poco más robusto.

Tú puedes aprender los dos sistemas de conversación fácilmente y pronto podrás reconocer oportunidades para utilizar uno u otro, o ambos.

Importante para recordar: Los Maestros para contactar no "improvisan" cuando alguien hace una pregunta o da una objeción. Han aprendido a seguir un sistema.

Por otra parte, sé auténtico. Interésate en su punto de vista. No trates de ser astuto. Inmediatamente reconoce el derecho de la persona a tener preocupaciones o preguntas.

Usa tus propias preguntas para obtener más claridad para que puedas manejar las objeciones de la gente de manera efectiva, profesional y con respeto.

6. CERRAR (O PRÓXIMOS PASOS) – Concluir o completar. Llegar a un acuerdo.

El cierre ha sido comparado con abotonarse el último botón de un abrigo. Has llevado al prospecto a través de las otras etapas del sistema de comunicaciones para prospectar: CONECTAR, CALIFICAR, INVITAR, PRESENTAR y MANEJAR OBJECIONES.

Una vez que hayas confirmado sus necesidades, deseos, miedos o prejuicios y los has llevado a descubrir cómo los beneficios de tus productos, servicios u oportunidad harán su vida mejor - entonces es fácil llegar al último botón.

El cierre se trata de *claridad*. Si deseas una mayor claridad, haz preguntas. Si quieres ser un Maestro para contactar y más efectivo para hacer un cierre, entonces haz incluso mejores preguntas.

Recuerda, el cierre no es más que "dirigir la comunicación" y ayudar a las personas a tomar los próximos pasos apropiados. El cierre es ayudar a las personas a aclarar sus pensamientos y tomar decisiones. El cierre no se trata de convencer a la gente; lo cual no funciona y no sirve para nadie en el largo plazo. El cierre es acerca de lograr la claridad para ti y para tus prospectos.

Aquí hay algunas preguntas generales excelentes que puedes hacer después de tu introducción o después de que hayas manejado las objeciones iniciales. Estas preguntas pueden ayudarte a entender lo que la persona está pensando o sintiendo y ayudar a llamar entrar en una conversación que aclare sus cuestiones o conduzca a tomar decisiones sobre los próximos pasos.

"Pedro, después de todo lo que has visto hasta ahora, ¿te ves a ti mismo como una persona consumiendo el producto, o como un constructor del negocios, o ambas cosas?"

"Miguel, estoy ansioso por escuchar tus impresiones y comentarios. ¿Qué fue lo que más te gusto de la presentación?"

Pedir una decisión

Si por ejemplo, después de una llamada telefónica, sientes que la persona está "generalmente positiva" puedes hacer un cierre suave preguntando:

"Oye Sergio, ahora que parece que hemos cubierto la mayor parte de las cosas que querías saber, ¿te gustaría saber los pasos a seguir?"

"Manuela, en base a toda la información que hemos revisado hasta este punto, ¿hay algo más que necesitarías saber antes de explicarte cómo empezar?"

Consejo: Asegúrate de que estás preparado para cubrir los pasos a seguir si dicen: "Sí."

Una variación ligera es resumir primero y luego hacer el cierre:

"María, has hecho muy buenas preguntas, y con tu experiencia (o personalidad o energía positiva, o lo que has compartido, etc.) realmente siento que podríamos construir un negocio exitoso juntos. Yo realmente disfrutaría trabajar contigo para ayudarte a alcanzar tus metas."

El CIERRE: *"... ¿Hay algo más que necesitarías saber o estás lista para empezar?"*

Si la persona parece vacilante, o si no estás seguro acerca de su nivel de interés, haz más preguntas para ayudarte a conseguir un poco de claridad sobre lo que les está frenando.

Pregunta de cierre para alguien que está resistente

A veces las personas están dudosos y tal vez ni siquiera están seguros de por qué. Su preocupación o pregunta es "no expresada." Tal vez no sepan qué preguntar. Esta es una gran oportunidad para que tú le ayudes con preguntas aclaratorias.

"Carlos, puedo sentir que estás interesado, pero al mismo tiempo tengo la sensación de que hay algo que te detiene. ¿Hay algo que todavía no está claro acerca de lo que te compartí?"

La pregunta de "la escala del 1 a 10"
(Con un breve resumen para comenzar)

Esta es otra pregunta general muy buena que se puede aprender y utilizar en una variedad de situaciones para evaluar el interés de tu prospecto en tus productos o negocio.

Una buena manera de comenzar es mediante un resumen.

"Rafael, realmente aprecio su interés y sus preguntas. Realmente me gustaría trabajar con usted y creo que podríamos construir un negocio exitoso juntos..."

Pregunta de cierre de "La escala del 1-10": *"Tengo una pregunta importante. (Después haz una pausa) En una escala del 1 a 10, si 1 es bajo y 10 es alta, ¿cómo calificaría su interés de seguir a los siguientes pasos y empezar?"*

Sugerencia: Si dicen algo menos de un 5, probablemente estás perdiendo tu tiempo con esa persona. Si responden con 6-7, esto es lo que se dice:

"¡Excelente! ¿Qué más necesitaría saber para moverse a un 9 o 10?"

Si responden con 8-10, esto es lo que se dice:

"Perfecto, Alex. Vamos a empezar. Estoy muy emocionado de trabajar contigo. Si eres como yo, estoy seguro que llegarás a ser un 10 una vez que veas que es una gran decisión la que has tomado."

Cuatro errores mayores del cierre

El primer error es el mayor "crimen" de cierre de todos.

1. No hacer el cierre - Un estudio mostró que casi el 70% de las presentaciones de ventas terminan sin pedir una decisión.

Algunas personas tienen tanto miedo al rechazo o la pérdida de una venta que nunca hacen una pregunta de cierre. No pierdas toda tu preparación, tu trabajo duro o tu valioso tiempo por tener miedo de hacer preguntas de cierre. Las objeciones son lo mismo que el rechazo. Los prospectos no te pueden rechazar. Sólo pueden rechazar lo que estás ofreciendo.

2. Hacer el cierre demasiado temprano - A veces no se trata de lo que pides, pero *cuando* haces la pregunta de cierre. Si no has conectado realmente y aun no has creado una buena relación, calificado las necesidades y deseos del prospecto y le ofreces una introducción a tu producto o tu oportunidad de negocios, puede ser demasiado pronto para pedirle a tu prospecto que se comprometa. Es como tratar de retirar dinero del banco antes de que hayas hecho un depósito.

Asegúrate de que hayas llevado a tu prospecto a través de todas las etapas del contacto con energía; de lo contrario la pregunta de cierre puede ser improductiva.

3. Cerrar demasiado tarde - No esperes demasiado tiempo. Tu puedes literalmente, hablar demás y hacer que una persona decida no entrar si extiendes tu presentación y aplazas la pregunta de cierre. Si has pasado por todos los pasos, no te preocupes por parecer demasiado agresivo. Recuerda, tú eres un profesional; y la gente está pidiendo silenciosamente ser guiado. Deja de hablar. ¡Haz la pregunta de CIERRE!

4. Hablar demás - Cuando finalmente llegues a tu pregunta de cierre, haz la pregunta y luego cállate. No digas absolutamente nada. Recuérdate a ti mismo: "*Si yo soy la primer persona en hablar, yo pierdo.*" No le tengas miedo al silencio. Muchas ventas se pierden cuando sigues hablando más allá del momento mágico. Es posible que hagas que la persona no se registre y quizás hasta aburres a tu prospecto por hablar demás.

49

Una idea para contactar que te puede ayudar

Esta es una herramienta muy útil: Piensa en ello como un calentamiento mental y verificación de tu actitud que te ayudará con tu "mentalidad de cierre."

"Sirvo a la gente al convertirme en un cerrador experto. Sirvo a la gente, ayudando a aclarar lo que quieren o necesitan, o lo que no quieren o necesitan."

"Sirvo a la gente, ayudándoles a comprender y cristalizar los pasos que deben tomar para conseguir lo que quieren. Sirvo a la gente haciendo preguntas que ayudan a ahorrar tiempo y reducen el estrés. Acepto la realidad de que no importa lo experto que sea yo o lo maravilloso que son mis productos u oportunidad, ¡algunas personas van a estar interesadas y algunas no!"

7. SEGUIMIENTO - Terminar hasta su final; para aumentar la eficacia o aumentar el éxito por más acción.

Hacer el seguimiento correctamente es una de las actividades más importantes de apalancamiento pero la menos usada en el proceso de comunicación con los prospectos; es simplemente una de las mejores maneras de servir a la gente y demostrar profesionalismo.

El SEGUIMIENTO ENFOCADO es lo que los profesionales de las Redes de Mercadeo hacen. Significa tener un resultado deseado para tu "conversación de seguimiento."

Las investigaciones muestran que casi el 50% de los vendedores *nunca* hacen un seguimiento; y otro 25% solamente hace un solo seguimiento y ahí paran.

Las estadísticas también revelan que el 80% de todas las ventas se realizan entre el quinto al duodécimo contacto. ¡Eso significa que la gran mayoría de las ventas se pierden debido a la falta de seguimiento! En otras palabras - hay una fortuna por lograr simplemente por aprender a hacer el seguimiento.

El seguimiento es fácil de hacer una vez que aprendes como hacerlo - no es difícil - pero requiere un poco de disciplina y la mentalidad correcta.

Hay tres objetivos generales en el seguimiento:

1. Apoyar al prospecto a tomar el siguiente paso (acordado) de acción. (Algunos ejemplos pueden ser: revisar los materiales adicionales, probar el producto, conocer a tu socio de negocios, conocer y platicar con tu cónyuge, etc.)

2. Mantenerse en contacto con tu prospecto para que puedas estar en condiciones de servirle a sus necesidades, siempre y cuando se presente la oportunidad.

3. Proporcionar servicios o productos adicionales después de la venta de tu producto, servicio u oportunidad; para fortalecer y construir la relación.

No te limites a solamente hacer el seguimiento – haz el seguimiento con un propósito - un objetivo. Identifica claramente el motivo de la comunicación y el resultado que quieres lograr. Estar enfocado significa que tienes un resultado en mente y una razón específica para el seguimiento.

Buenas razones para hacer el seguimiento

1. Recordarle a alguien de la hora y las direcciones para una reunión, presentación o llamada telefónica.

2. Para obtener información de una persona y determinar el nivel de interés después de que han revisaron una herramienta o probado algún producto.

3. Para volver a conectar y confirmar si es mejor momento para revisar tu oportunidad de negocios o probar tu producto.

4. Para determinar si la persona necesita más información adicional o tiene preguntas antes de empezar.

5. Para demostrar que la relación es importante para ti; tú te preocupas por sus necesidades; para saber si tú puedes seguir ayudándoles con tu producto o servicio.

La regla de uno

Una técnica que puede ayudarte a mejorar tus seguimientos es la Regla de uno. Hazte estas preguntas antes de cualquier seguimiento:

"¿Cuál es el resultado más importante que quiero sacar de esta comunicación?"

"¿Qué mensaje es el que quiero enviar?"

"¿Cuál es la respuesta ideal?"

"¿Cuál es el único objetivo que quiero lograr?"

Elije UN resultado y anótalo. Revísalo antes de hacer el seguimiento. Ponte en la mente tener un solo resultado deseado en lugar de varios. Los resultados pueden ser sorprendentes.

Aquí hay algunos ejemplos.

Preguntas de seguimiento
(Con posibles resultados previstos)

...Resultado que se pretende: Establecer y acordar una hora de reunión.

"Héctor, el mes pasado sugeriste que te llamara por estos días para ver si estarías menos ocupado... ahora sería un mejor momento para (... ¿conocer a mi socio de negocios?... ¿asistir a una orientación?... ¿vernos en un café para platicar?)"

... Resultado que se pretende lograr: Establecer y acordar una hora de reunión.

"María, usted sugirió ponerme en contacto con usted una vez que haya regresado de sus vacaciones. ¿Está libre por unos minutos este martes por la noche o sería mejor el próximo martes?"

...Resultado *que se pretende:* Establecer y acordar una hora de reunión.

"Cuando hablamos la semana pasada usted sugirió que le llamara en unos pocos días. ¿Está libre el jueves por la noche?"

... Resultados previstos: obtener la retroalimentación y opinión de alguien,

"David, te presté un video hace unos días. Realmente valoro tu opinión y tus comentarios. ¿Qué fue lo que más te gustó de lo que miraste?"

... Resultados previstos: obtener la retroalimentación y opinión de alguien.

"Susana, le envié la información que me pidió, además del enlace a nuestra página web. ¿Tiene unos minutos para compartir conmigo sus impresiones?"

... Resultado que se pretende: Construir la relación y mantener tu promesa.

"Kevin, han pasado varios meses desde que hablamos acerca

de mi nuevo negocio y yo prometí darte un informe sobre el progreso que iba teniendo. Realmente creo que vas a disfrutar enterarte de lo que está pasando, así que ¿tienes unos minutos para ponerte al tanto?"

... Resultado que se pretende: Construir la relación y mantener tu promesa

"Hola Luis. Usted ha estado usando nuestro producto por más de un mes. Estoy muy ansioso saber sus impresiones. ¿Cómo se ha sentido? ¿Qué ha notado? ¿Qué es lo que más le gusta?"

... Resultado que se pretende: Construir la relación al ponerse al servicio.

"Acabamos de lanzar un nuevo producto (o servicio) y pensé que te gustaría aprender sobre lo que está haciendo para la gente. ¿Te puedo enviar alguna información o un enlace a una presentación en vídeo?"

... Resultado que se pretende: Construir la relación; mantenerse en contacto con sus necesidades cambiantes.

"La última vez que hablamos, no estaban listos para empezar porque (...recién habíamos empezado nosotros también... el tiempo no era el correcto para ustedes... apenas había empezado un nuevo trabajo... estaban pasando por algunos retos, etc.) ¿Tendrían unos minutos para una actualización rápida?"

Hazte indispensable. Mantente al tanto de las necesidades cambiantes de la gente para que puedas estar en condiciones de ayudarlos. Mantente en contacto con ellos. Fomenta y mantén una buena relación.

Un seguimiento hábil puede ayudarte a hacer una recuperación de un posible cliente o socio, aun cuando inicialmente pensaste que la persona no estaba interesada.

Ya sea que estés tratando de recuperar el interés de alguien o mantener a un cliente después de la venta - practica el *seguimiento enfocado*.

Algunos pensamientos más sobre la Fórmula Para Contactar de Máximo Poder

Para algunas personas, el aprender e internalizar un modelo de "siete pasos" puede parecer difícil al principio. Quiero animarte y te prometo que si tomas el tiempo para aprender el modelo y lo añades a tu conjunto de habilidades, te pagará dividendos enormes y positivos.

En el próximo capítulo, y en especial en los capítulos cuatro al once que tienen que ver con algunas de las objeciones más comunes, verás el "modelo" en acción dentro de todos los guiones de ejemplo.

Con sólo un par de horas de práctica comenzarás a sentirte muy cómodo y competente. Una vez que esto suceda, el contactar empieza a ser divertido, y tu efectividad (y resultados) crecerán de manera impresionante.

Por último, si aprendes más de un manera visual o auditiva, o simplemente quieres reforzar lo que has aprendido hasta ahora, por favor visita mi página a www.montetaylor.com/freestuff y subscríbete para que puedas obtener acceso inmediato a los vídeos gratuitos que he creado en la Fórmula Maestra Para Contactar. También puedes obtener más acceso inmediato a otros informes y entrenamientos muy útiles.

¡Disfruta!

CAPITULO TRES

Manejando objeciones con AVVIS

Por qué muchos negocios pequeños fracasan
(Y que tiene que ver con manejar objeciones)

Hace más de 25 años, Michael E. Gerber escribió un libro excepcional, *El Mito-E - Por qué las empresas pequeñas no funcionan y qué hacer al respecto.*

Uno de los mensajes clave de Gerber ha resistido la prueba del tiempo: Si quieres tener éxito en los negocios, debes usar un sistema (o modelo) para decir las cosas correctas en el momento indicado. Los sistemas son duplicables pero la gente no lo es.

Si lo que estás haciendo es tan complejo o tan estilizado que otros no pueden verse a sí mismos haciendo lo mismo, entonces tu negocio crecerá lentamente porque va a depender totalmente de ti.

Lo que quieres es que la gente esté pensando o diciendo, "Sí... Yo sí puedo hacer eso."

En este capítulo aprenderás el segundo sistema de "flujo de comunicación", que yo llamo AVVIS (por sus siglas en ingles). Una vez más, digo que es un sistema en lugar de una técnica; porque un sistema significa que hay un plan a seguir.

AVVIS y "Nos esforzamos mas"

Dependiendo de tu edad, quizas puedas o no recordar oír el lema de la icónica compañía de alquiler de coches Avis:

"*Somos el número dos. Nos esforzamos más.*" Avis usó ese lema como una declaración de marca por más de 50 años. Con el tiempo fue acortado a "Nos esforzamos más" y pasó al olvido sólo recientemente.

El sistema de manejo de objeciones AVVIS no tiene absolutamente nada que ver con la compañía de alquiler. Pero, es un saludo a la idea de "intentar un poco más" o pasar un poco más de tiempo recopilando información para manejar la objeción o preocupación de tu prospecto.

Significa aprender unas cuantas herramientas de comunicación más para que puedas ayudar a las personas a obtener aún más claridad.

AVVIS es un acrónimo de Aceptar/Verificar/Validar/Individualizar/Solucionar

¡Espera un minuto!

Es posible que te estés preguntando: ¿Realmente necesito un segundo sistema si acabo de aprender el sistema de Siento/Sentí/Encontré/Pregunta?

Yo: "*Muy buena pregunta, querido lector. Te escucho y estoy contento de que hagas esa pregunta.*"

"*Tu acabas de aprender un sistema simple, ¿por qué aprender otro? Sé exactamente cómo te sientes. Yo me sentí de la misma manera; y también lo han sentido otras personas. Ya tengo demasiada información en mi cabeza para recordar todo. ¡Sólo quiero empezar a practicar un sistema antes de aprender otro!*"

"*Pero, querido lector, lo que encontré fue que después de aprender el Siento, Senti, y Encontré, me di cuenta que el sistema AVVIS era tan fácil de aprender. Y, me dio aún más*" *herramientas para manejar cualquier objeción. Honestamente, fue como caerse de un tronco."*

"Así que, querido lector, si tomas sólo unos minutos más para llevar tus habilidades a la estratosfera, ¿estás abierto a continuar?"

¿Agarraste el mensaje?

El sistema AVVIS

AVVIS es en realidad similar a Escuchar/Siento/Sentí/Encontré/Preguntar.

Sin embargo, AVVIS tiene dos variaciones: La letra "I" en AVVIS nos recuerda a "Individualizar" la objeción, además de poner más énfasis en asegurarse de que estás solucionando el problema; que es la "S" en AVVIS.

Recuerda, el problema se expresa como la objeción (miedo, preocupación, pregunta, creencias, etc.)

Nota: El sistema AVVIS funcionará mucho mejor si se empieza con *escuchar atentamente* y siempre termina con una pregunta, al igual que en el primer sistema.

AVVIS es: Aceptar / Verificar / Validar / Individualizar / Solucionar con **Escuchar** al principio y **Preguntar** al final.

Esto es fácil. Tú ya deberías saber **Escuchar** (a la Objeción) y **Preguntar** (después de expresar Siento/Sentí/Encontré) donde haces preguntas para asegurarte de que están listos para seguir adelante y dar el siguiente paso.

Y también ya sabes Aceptar/Verificar/Validar, que es muy similar a Siento/Sentí/Encontré.

¿Recuerdas?

"Tina, sé cómo te sientes. Qué bueno que haces esta pregunta. Mucha gente se siente de la misma manera... simplemente no se sienten cómodos con lo que se siente como vender en un principio."

Y ya has visto un ejemplo de Validar:

Prospecto: *"¿Por lo tanto, es ésta una de esas pirámides?"* O *"... ¿es esto el multinivel?"*

Tu: *"Julia, buena pregunta. Si no te importa, dime... ¿cuál es tu experiencia con el multinivel?"*

Nota: Acabas de utilizar una pregunta para aclarar (o validar) para ayudar a validar que esta es una preocupación real.

Prospecto: *"¡Genial! Tenemos un montón de experiencia en el Mercadeo en Red y hemos estado buscando una buena compañía para asociarnos."*

¡Sorpresa! Seguramente estarías a punto de pasar varios minutos desperdiciados defendiendo tu industria.

Entonces, ¿cuál es la diferencia principal entre los dos sistemas?

La diferencia consiste en desarrollar y aumentar tu capacidad de <u>aclarar</u> al primero <u>individualizar</u> la objeción.

El individualizar significa que vas a separar la objeción, en parte para saber si esta es la verdadera objeción o simplemente algo que han dicho por impulso, pero no es necesariamente la objeción primordial. Las Objeciones primarias son los "rompe tratos" si no se manejan correctamente.

La "S" para Solucionar ayuda a recordar a hacer preguntas para asegurarte de que has (solucionado) la preocupación u objeción, y si es posible, obtener que el prospecto reconozca que has resuelto su problema.

Puede ser que ellos estén de acuerdo a participar en resolver su propia preocupación con leer, escuchar o ver algo que los pueda educar, por tanto, "resolver" su preocupación.

AVVIS requiere sólo un poco más de práctica y habilidad, pero si puedes aprender a montar en bicicleta, (Siento/Sentí/Encontré), entonces tu puedes aprender a andar en bicicleta en un sendero rocoso o a alta velocidad (AVVIS) con un poco más práctica.

Los comunicadores expertos aprenderán y utilizar los dos.

AVVIS EN ACCION

Prospecto: *"Yo simplemente no creo que poder vender. Me incómoda el tener que vender."*

Tu: *"María, estoy tan contenta de que mencionaste esto. Mucha gente se siente de la misma manera. Háblame de tus experiencias con la venta."*

A continuación tu prospecto te comparte sus experiencias; que son en su mayoría experiencias negativas. Lo que aprendes mientras ella te cuenta su historia es que ella trabajó para una empresa que no le dio ningún tipo de capacitación y esperaba que ella se hundiera o nadara. Ella odiaba la sensación de que ella no sabía lo que estaba haciendo o qué decir.
También aprenderá que ella está en la Asociación de Padres y Maestros en la escuela y le encanta trabajar con los maestros y otros padres para obtener el consenso de los proyectos y eventos para recaudar fondos, y le apasiona contribuir y ayudar a la gente.

Tu: *"María, muchas gracias por contarme más acerca de ti y compartir lo que amas, y también lo que te preocupa. Aparte de cómo te sientes sobre el aspecto de "vender" de nuestro negocio, ¿tienes alguna otra preocupación?"*

¡Eso por cierto es *individualizar o aislar* el problema, que es la "I" en AVVIS!

Prospecto: *"En realidad no. Bueno, tal vez sólo acerca de cuánto tiempo tendría que tener que dedicarle a esto para tener éxito."*

Tu: *"Que bueno que mencionas el tema del tiempo; porque es un punto importante. Solo por curiosidad; si tuvieras que adivinar cuánto tiempo le tendrías que dedicar cada semana a un proyecto digno que te pudiera dar libertad financiera, ¿qué le dirías?"*

Una vez más, aquí estás *escuchando, reconociendo, validando,* y *aislando* la preocupación del tiempo.

María responde: "Alrededor de 10 a 12 horas a la semana. Eso es todo lo que tengo."

¡Excelente! Ahora a resolver.

Tu: *"María, referente a tu primer punto sobre las ventas. Aquí está mi pregunta; si supieras con certeza que podemos entrenar a cualquier persona que se deje ayudar y sea fácil de enseñar a que se sienta cómoda y eficaz en poco tiempo, ¿eso te ayudaría? ¿Estarías dispuesta a venir a nuestro seminario de "aprender a vender sin realmente vender" el próximo fin de semana para que puedas ver personalmente lo bien que nuestros entrenamientos trabajan para gente como tú y como yo?"*

Prospecto: *"Claro."*

Tu: *"¡Eso es perfecto! ¡Honestamente estoy emocionado! Y, referente a tu punto sobre el tiempo, me alegro poderte informar que no hay problema. Si realmente puedes dedicarle 10-12 horas a la semana y hacer las cosas que enseñamos que hagas, tu puede tener éxito."*

"María, casi todo el mundo en nuestro negocio trabaja su negocio a tiempo parcial por lo que hemos creado sistemas y entrenamientos que honran y respetan su tiempo. La mayoría de la gente, incluyéndome a mí, empezamos a tiempo parcial y estamos construyendo grandes negocios con sólo un par de horas bien dedicadas a la semana."

Ahora, la pregunta (Cerrar).

"María, me gusta tu energía, entusiasmo y tus preguntas. Realmente siento que podríamos tener éxito juntos. ¿Quieres saber cuáles son los pasos a seguir y cómo empezar?"

Si María nos presenta otra objeción en este punto, ¿qué haces?

Fácil. Repetir uno de los dos sistemas para manejar sus objeciones.

Escuchar/Siento/Sentí/Encontré/Preguntar O

Escuchar/AVVIS/Preguntar

Recuerda, el Escuchar es siempre el primer paso de ambos sistemas y Preguntar siempre es el último paso.

Algunas consideraciones finales

Cualquiera de estos sistemas funcionará para ti. Practicar y aprender los dos sistemas cosecharán grandes recompensas. Si permaneces enfocado en "ser ayudante o consultor" de tu prospecto te sorprenderá lo fácil que será manejar cualquier objeción.

Somos recompensados en la vida por las preguntas que resolvamos. Somos recompensados en la vida por ser capaz de ayudar a las personas a que puedan verbalizar sus problemas, y si es posible, resolverlos.

Somos recompensados en la vida por entender lo que otros necesitan y ayudarles a satisfacer sus necesidades si es que podemos. Somos recompensados en la vida por ayudar a las personas a aclarar sus objetivos. Sin claridad es casi imposible avanzar y tener éxito.

Lucha por el éxito de las personas

Cuando te dirijas a las preocupaciones, objeciones, dudas o problemas de la gente, la sensación que quieres que tengan es que "quieres su éxito", ayudándoles a aprender y trabajar a través de sus preocupaciones.

Ayuda a las personas a aclarar lo que quieren (o no quieren). Ayuda a las personas a tomar mejores decisiones y ayúdalos a cristalizar los pasos que deben tomar para conseguir lo que ellos dicen que quieren.

Si puedes aprender a luchar por el éxito de otros, proporcionando claridad, entonces podrás convertirte en un maestro para contactar y comunicarte efectivamente.

Cuando el resultado es "No"

Tu objetivo es mejorar la comunicación con la gente de una manera que les ayude a lograr resultados positivos. Un resultado positivo PODRIA ser ayudar a decidir NO comprar tu producto o servicio, porque por alguna razón no es el adecuado para ellos.

En algunos ambientes el final del juego es hacer la venta o cerrar el trato casi a cualquier precio. Por una variedad de razones, esto no funciona bien en el Mercadeo en Redes. - Ciertamente no para el largo plazo.

Empujar a la gente hacia una "decisión de comprar" o una mala "decisión de registrarse" no ayuda a la gente. No te ayuda a ti ni a ellos. El Mercadeo en Red es una "industria de relaciones."

Si empujas a la gente a comprar tu producto o a unirse a tu organización, ellos seguramente se irán de tu equipo en cuestión de semanas, si no es que días.

¡A veces NO está bien!

En los próximos capítulos vamos a compartir más ejemplos de conversaciones sobre objeciones específicas y ofrecer más ejemplos de PREGUNTA/SIENTO/SENTI/ ENCONTRE/PREGUNTA y AVVIS, en acción.

Una vez que hayas leído los capítulos cuatro al once, ya te habrás expuesto a tal vez el 90% de las objeciones más comunes.

Pronto serás capaz de manejar cualquier pregunta, preocupación, u objeciones de tus prospectos con facilidad.

He encontrado que la mejor manera de dar un consejo es averiguar lo que la gente quiere, y entonces aconsejarlos que lo hagan.

HARRY S. TRUMAN

CAPITULO CUATRO

¿Qué tal si alguien pregunta, "Es esto una de esas pirámides?"

La objeción de la pirámide

Otra variación de esa pregunta es, "¿Es esto multinivel o Mercadeo en Red?"

Mi observación es que esta es una de las objeciones más frecuentes que encontrarás al hablar con tus prospectos, y ciertamente una objeción que la mayoría de los profesionales del Mercadeo en Red quieren aprender cómo manejar cómodamente.

Hace un año más o menos yo estaba entrevistando a uno de los profesionales del Mercadeo en Red más exitosos en la industria. Además de tener una organización masiva, tiene una sólida reputación como educador, entrenador y autor de libros.

En la entrevista le pregunté cómo maneja esta objeción. Él dijo: "Honestamente, a mí no me dan esa objeción tan frecuentemente porque mi creencia es tan fuerte. Es inquebrantable. La industria no está en juicio para ver si funciona o no - es simplemente un negocio que empodera a la gente de manera positiva."

"Trabaja en tu creencia personal primero", dijo él. La gente, que no cree por completo y de todo corazón en la industria parece atraer a más prospectos que cuestionan la validez de estos negocios.

Antes de sugerirte algunos guiones y conceptos para manejar mejor esta objeción, permíteme sugerir fuertemente que debes evaluar honestamente tus propias creencias acerca de la industria del Mercadeo en Red.

Piensa, por un momento, en tus creencias personales. Si tú eres cualquier cosa menos de un sólido nueve en una escala del uno al diez, entonces te recomiendo que leas el libro de Robert T. Kiyosaki, *El Negocio del Siglo 21*.

Kiyosaki es también el autor del Best Seller del New York Times, *Padre Rico, Padre Pobre*, y muchos otros libros. Si no lo has hecho, agrégalo a tu biblioteca y léelo.

Otro recurso similar disponible en DVD, es *Compensación Brillante*, de Tim Sales, que se puede encontrar en el internet mediante la búsqueda de Herramientas de primera clase del Mercadeo en Red.

Entonces, ¿qué está pasando en la mente de las personas que parecen no aceptar o tienen dudas sobre la industria del Mercadeo en Red? Estas son algunas de las posibilidades:

(1) Es posible que hayan estado involucrados de alguna manera en el pasado o conocen a alguien que no tuvo una experiencia positiva con el negocio.
(2) No tienen experiencia personal en absoluto aparte de que han escuchado algo negativo en algún lugar (no recuerdan lo que era o quién lo dijo) y que más o menos responden negativamente como una táctica para posponer su decisión o como "respuesta automática" cuando sale el tema.

(3) Tienen un amigo o miembro de la familia que los estuvo "persiguiendo" para involucrarse y prefieren no estar en un negocio donde tienes que "rogarle" a la gente a comprar o unirse.

(4) A veces el prospecto simplemente tiene dudas, expresadas o no expresadas, de que tienen lo que se

necesita para tener éxito en el Mercadeo en Red, así que en vez condenan la industria.

AVVIS maneja la objeción de la "Pirámide"

Antes de comenzar, aquí hay algunos consejos importantes para "prospectar conscientemente" que te ayudarán a prepararte para manejar esta objeción, pregunta o preocupación:

1. Siempre comienza por construir la relación (¿recuerdas CONECTAR?) con la persona mediante la adopción de una postura sincera de, "Estoy interesado en aprender más acerca de su punto de vista."

Este es el momento perfecto para que recuerdes tu actitud de "... busca primero comprender, y después ser entendido." ¡Es un hábito muy eficaz!

2. Relájate. Sé paciente. Simplemente no hay una deslumbrante, súper respuesta para superar esta objeción. Las respuestas sarcásticas, exaltadas y desesperadas nunca funcionan.

Algunos de los profesionales más talentosos y exitosos en el Mercadeo en Red tomaron semanas o meses evaluando la industria antes de comprometerse a formar parte del negocio.

Hay cientos de "historias de inicio", donde los profesionales de Redes de Mercadeo admiten que a pesar de las objeciones iniciales que tenían, el "momento clave" fue "el tiempo correcto... y su preparación para el cambio." En otras palabras, era el momento justo en su vida y estaban dispuestos a hacer algunos cambios.

3. Asegúrate de establecer la NECESIDAD de la persona: tal vez más tiempo libre; más dinero; seguridad; el deseo de trabajar desde casa; lo que sea. A continuación, CONECTE

su necesidad con su acuerdo de aprender o descubrir los beneficios reales de la oportunidad de la industria del Mercadeo en Red.

Por supuesto, una de las mejores herramientas para manejar esta objeción es el sistema AVVIS:

Escuchar/**Reconocer/Verificar/Validar/Aislar/Resolver**/Preguntar

Prospecto: "¿Es esta una de esas piramidales?" O: "¿Es esto multinivel?"

Reconocer

"¿Eso es una preocupación, Héctor? ¿Cuál es tu experiencia con el Mercadeo en Red?" O,

"Juan, ¿estás preocupado de que este negocio sea una pirámide?" O,

"María, ¿te preocupa que este negocio sea uno de esas piramidales de las que has oído hablar en las noticias o de otras personas?"

Validar

"Me alegro de que hayas mencionado eso. A veces hay artículos en las noticias acerca de los esquemas de pirámide, pero te podemos asegurar que este no es uno de ellos; esta es una empresa legítima, y de excelente reputación."

"Gracias por mencionar esto, Susana. Algunas personas cometen el error de comparar las Redes de Mercadeo con un esquema piramidal. La diferencia es que las pirámides son ilegales pero el Mercadeo en Redes es un negocio legítimo con muchos años de existencia y aceptación."

Aislar

"¿Es esa su preocupación principal cuando piensa en tener su propio negocio, o hay algo más?"

"Aparte de su pregunta acerca de que si es o no es una pirámide, lo cual no lo es, ¿hay algo más que le preocupa?"

Resuelve (y pregunta)

"¿Estaría usted dispuesto a invertir un poco de tiempo en leer y aprender sobre nuestra industria de parte de un autor de renombre catalogado en el New York Times como autor más vendido? ... ¿Y darme sus impresiones acerca de lo que aprendió?"

"¿Estoy seguro de que has oído hablar del inversionista multimillonario Warren Buffet? ¿Donald Trump? ¿Sabías que Buffet ha invertido en varias empresas principales de Mercadeo en Red y Trump ha presentado y recomendado esta industria en su programa?"

"¿Estaría usted dispuesto a invertir un poco de tiempo para aprender sobre nuestra industria a través de un DVD que le dé más información de la industria/compañía/negocio/productos? ... Y después me da su opinión."

"Vamos a olvidarnos del negocio por un momento y enfoquémonos en que usted conozca nuestros productos o servicios. Podemos hablar del negocio después, ¿Está bien?"

Las objeciones son por lo general una solicitud - a veces una solicitud incómoda - para obtener más información o una manera de evitar o retrasar tomar una decisión. La clave es *evitar* una discusión y evitar tratar de *convencer* a la persona.

Sin embargo, si su compañía tiene una herramienta, como un DVD, hoja de datos o CD, con algunos datos impresionantes, ahora es el momento de sacarlo al tema y presentárselo al prospecto.

Una vez que aceptes que las objeciones son normales, naturales e incluso positivas, y por lo general sólo una solicitud de más información, mucho de tu miedo desaparecerá.

Evita estar a la defensiva. Recuerda, probablemente lo que tu prospecto más teme es el riesgo que implica registrarse. La mayoría de empresas de renombre ofrecen una garantía de reembolso de los productos o paquetes de distribución, así que asegúrate que tu prospecto esté consciente de cualquier garantía.

Piensa en tus propias experiencias cuando te uniste a una compañía de Mercadeo en Red. ¿Cuáles fueron tus preocupaciones; tus objeciones principales? Es más probable que algunos de tus prospectos tengan las mismas objeciones también.

Conforme te vayas enterando de algunas de las más grandes historias de éxito en el Mercadeo en Red, te darás cuenta de que nadie entra a este negocio sin preguntas y objeciones. Muchas personas muy exitosas primero dijeron "¡NO!" Y algunos de los líderes más grandes en el Mercadeo en Red inicialmente dijeron "no" ¡varias veces!

Date cuenta en tus "comunicaciones de prospección", que la persona con la que estás hablando, en algún nivel, te mira como su posible entrenador, mentor y líder. De manera que estás siempre "audicionando" cuando estás manejando sus objeciones.

Los maestros para contactar planean tener una muy buena audición - incluso si no consiguen la parte.

Simplemente acepta el dato y diviértete.

CAPITULO CINCO

¿Qué tal si alguien dice, "No tengo tiempo"?

El tiempo es una opción

La clave para qué decir cuando alguien dice: "Yo no tengo tiempo", es asegurarse de que entiendes lo que realmente están queriendo decir antes de estructurar tu respuesta. Una de las mejores maneras de hacer esto es hacer primero una "pregunta en expansión."

De hecho, haz el hábito de hacer preguntas de expansión automáticamente cuando escuches casi cualquier objeción. Esto es lo que hacen los comunicadores expertos. He aquí un ejemplo.

Tu: *"Julia, escucho lo que dices y yo te entiendo. Quiero saber más acerca de tus limitaciones de tiempo. ¿En qué otras cosas ocupas tu tiempo en estos momentos?"*

A continuación tu prospecto describe lo ocupado que esta. *Escucha* cuidadosamente. Sólo recuerda que todo el mundo está ocupado, o se siente ocupado; y todos tenemos las mismas 24 horas del día. Ni más, ni menos.

Tu: SIENTO, SENTI, ENCONTRE, PREGUNTA

"Julia, yo sé lo que sientes por estar tan ocupada. Al principio no me podía imaginar dónde podría encontrar el tiempo para iniciar un nuevo negocio. También sabía que si yo no buscaba tan sólo unas pocas horas a la semana para ser esto a un nivel con buen resultado, todavía estaría preocupando y me sentiría frustrado por no tener tiempo el año que viene y el año después lo mismo. Lo que encontré fue que con lo que mi

socio me mostró y lo que la empresa ofrece, en realidad estoy usando una cantidad muy pequeña de tiempo para construir un negocio exitoso."

Ahora tu PREGUNTA:

"Julia, si yo pudiera mostrarte cómo recuperar un poco de tu tiempo… honestamente, si yo pudiera mostrarte cómo construir este negocio y ganar dinero mientras estás durmiendo o haciendo otra cosa, ¿estarías dispuesto a aprender más?"

¿Qué? ¿Ganar dinero mientras duermes? ¿Bromeas?

No. Hoy en día, casi todas las compañías de Mercadeo en Red tienen "herramientas de presentación", tales como videos y audios por internet, DVD, CD's y aplicaciones móviles con presentaciones atractivas, descripciones de productos, herramientas de seguimiento y capacitación.

Algunas compañías ofrecen comercialización automatizada; "campañas de correo electrónico" para el seguimiento y sitios web que hacen el "trabajo pesado" de la presentación.

El mundo se ha convertido en un sistema automatizado, y lo más importante, un mundo sincronizado; lo que significa que múltiples actividades pueden estar ocurriendo en ¡diferentes momentos y en diferentes zonas horarias! Tus prospectos pueden estar viendo o escuchando una presentación; los clientes pueden estar ordenando su producto; los distribuidores pueden estar entrenándose, y tú puedes estar haciendo dinero mientras está durmiendo o haciendo otra cosa.

Aquí están algunas otras respuestas posibles.

(Éste es bastante agresivo, pero funciona bien si tienes la certeza y sabes que puedes ayudarlos.)

"Julia, gracias por mencionar el tema del tiempo. La verdad es que realmente no necesitamos tu tiempo. ¿Estás dispuesta a aprender lo que quiero decir con esto?"

He usado esta respuesta con éxito con profesionistas ocupados, profesionistas de la salud, abogados y ejecutivos con poco tiempo libre. Les explico que lo que realmente necesitamos es gente de su círculo de influencia y en realidad solamente unos pocos de ellos. Dentro de su círculo de influencia están las personas que tienen experiencia en los negocios,... cualidades de liderazgo,... gente fuertemente motivada por el dinero... que pueden estar abiertos a una oportunidad de negocio atractivo como lo es nuestra industria.

También puedo añadir...

"Puede ser alguien que... siente que no le pagan lo que vale... o no está pasando suficiente tiempo libre con su familia... o tal vez alguien que no está completamente satisfecho con el tipo de trabajo que están haciendo."

Después les explico que si ellos me pueden referir a las personas calificadas que ellos conocen, yo me encargo de la presentación; el uso de herramientas, además de manejar el seguimiento. Por supuesto, todos sus contactos serán patrocinados en "su negocio" por lo cual nos beneficiará a los dos.

Al final añado...

"Jaime, estaremos construyendo tu negocio con mi tiempo y tus contactos. Después de ver algo de resultado y crear un poco de éxito, podemos hablar de cómo llevar su negocio al siguiente nivel." Eso significa que podemos reevaluar sus prioridades de tiempo después.

Algunas otras respuestas:

"He encontrado que la gente nunca va a tener más tiempo a menos que encuentren una manera de hacer más dinero. ¿Estarías abierto a que te ayudáramos a resolver tu problema de tiempo? ¿Es eso algo que es realmente importante para ti?"

"Beto, si el tiempo es difícil ahora, ¿Cómo ves tu futuro desde el punto de vista de tiempo si no haces algo diferente - por algo, me refiero a crear un plan ahora?"

Recuerde: Utilice siempre ESCUCHAR, SIENTO, SENTI, ENCONTRE, PREGUNTA, o AVVIS como tu sistema.

A través de los años la gente ha preguntado: "¿Cómo es que siempre pareces saber qué decir?"

La respuesta es que yo uso un sistema para resolver cualquier objeción: ESCUCHAR SIENTO, SENTI, ENCONTRE, PREGUNTAR o AVVIS, y un sincero deseo de ayudar a la gente a encontrar la claridad en sus vidas. He aprendido a usar esa claridad para ayudar a las personas a lograr la paz financiera o la paz mental - ¡y tú también puedes!

Por supuesto, algunas personas pueden simplemente tratar de evadirte con una objeción no expresada. Cuando dicen que "no tienen tiempo" es lo primero que se les ocurrió para cambiar la conversación o poner fin a la charla. Ellos simplemente no están interesados.

Si sientes una energía verdaderamente negativa de la conversación, simplemente les damos las gracias y vamos con el que sigue. Hay miles y quizás millones, de personas esperando y abiertos a lo que tienes que ofrecer.

Si quieres dejar la puerta abierta, puedes decir algo como esto...

"David, siento que con tu horario actual esto realmente es un mal momento para ti. ¿Cuándo sería un mejor momento?"

Si te dan una fecha y horario, apuntalo en tu calendario y dale seguimiento en esa fecha acordada.

También puedes utilizar la técnica de "¿A quién conoces... que me puedas recomendar?" que aprenderás en el próximo capítulo, el Capítulo Seis - Objeciones de "vender."

Más objeciones de "No tengo tiempo"

Qué decir cuando las personas dicen que no tienen tiempo o están demasiado ocupados:

"Qué bueno que mencionas lo ocupado que estás. Muchos de los miembros de mi equipo dijeron lo mismo al principio. Te sorprenderá saber que muchos de los mejores profesionales en las Redes de Mercadeo que ganan ingresos a tiempo completo solamente están trabajando de 10-20 horas a la semana. Esto se debe a que han construido un negocio que aprovecha el tiempo de otras personas y las agrega al tiempo que inviertes tú también."

"Luis, si te puedo mostrar cómo, con tan sólo un par de horas a la semana, con esfuerzo, en los próximos 12 a 24 meses podrías igualar o incluso duplicar tus ingresos actuales, ¿qué me dirías?"

Por cierto, esta es una oportunidad de usar una "presentación de servilleta" para ejemplificar el apalancamiento del tiempo. Las proyecciones de dinero son inadecuadas, pero las proyecciones del apalancamiento de tiempo son señales de alerta adecuadas y reales.

Puedes hacer esto en una servilleta o un pedazo de papel.

Presentación de servilleta detallando el apalancamiento del tiempo

Comience a escribir el número 2 en una servilleta o un pedazo de papel y luego dobla el número cada mes por un total de 12 meses, al igual que la siguiente ilustración.

Explica lo siguiente mientras estás agregando los números:

"Mes 1 inscribes a 2 personas, que invierten 20 horas promedio, cada mes en su negocio. Eso es sólo 5 horas a la semana (menos de 1 hora al día). Mes 2 cada nueva persona inscribe dos cada uno, que también invierten un promedio de 20 horas cada mes en su negocio. Mes 3, lo mismo... hasta el final a 12 meses."

Mes 1 = 2 personas
Mes 2 = 4 personas (2x2)
Mes 3 = 8 personas (2x4)
Mes 4 = 16 personas (2x8)
Mes 5 = 32 personas (2x16)
Mes 6 = 64 personas (2x32)
Mes 7 = 128 personas (2x64)
Mes 8 = 256 personas (2x128)
Mes 9 = 512 personas (2x256)
Mes 10 = 1024 personas (2x512)
Mes 11 = 2048 personas (2x1024)
Mes 12 = 4096 personas (2x2048)

"Ahora, cuando llegas a mes 12, tendrás 4,096 personas en tu negocio invirtiendo solamente 20 horas al mes. Al final de un año, eso sería más de 81,000 horas (4096 x 20 = 81,920) al mes trabajando para ti en tu negocio."

Por supuesto, algunas personas van a trabajar más de 20 horas a la semana y otros menos. Esta es una proyección razonable de la mayoría de las personas que trabajan a tiempo parcial; 5 horas a la semana.

"Si la semana laboral promedio para los empleados es de 40 horas, entonces 81,920 horas es como tener 512 empleados en tu negocio a los que tu no tienes que supervisar o pagar."

Como factor decisivo, les pregunto: *"¿A cuántos registraste tú?"*

Respuesta: *"Solamente a los primeros dos."*

¡Eso sí que es apalancar el tiempo!

Aquí hay otra respuesta a la objeción de "no tengo tiempo." (A veces la gente sólo necesita algo de liderazgo, un poco de claridad y un pequeño empujoncito.)

"David, estoy muy contento de que dices que estás demasiado ocupado, porque yo estoy muy ocupado también. Esto es lo que he aprendido; las personas que están ocupadas hacen las cosas en una fracción del tiempo que la gente que "no está ocupada." Las personas ocupadas son personas productivas. Realmente yo estoy buscando gente ocupada."

"Si pudieras encontrar sólo unas horas bien enfocadas cada semana podemos lograr resultados increíbles juntos. Vamos a empezar a aprovechar mi tiempo y mis conocimientos y algunos de tus contactos. Una de mis visiones para el futuro es que ninguno de nosotros vuelva a decir que estamos demasiado ocupados de nuevo a menos que digamos: Estamos demasiado ocupados divirtiéndonos y ganando dinero."

"¿Qué te parece?"

"¿Listo para empezar?"

Aquí hay una versión más corta. Utilízala sólo después de escuchar y reconocer su problema del tiempo.

"Miguel, si supieras con certeza que podemos tomar sólo unas cuantas horas cada semana, y nos podemos enfocar en las actividades de alto apalancamiento para conseguir los

resultados que deseas... que podemos trabajar juntos construyendo este negocio a tiempo parcial hasta que logres los niveles de ingreso que tú quieras... ¿qué dirías?"

CAPITULO SEIS

¿Qué tal si el prospecto dice, "A mí no me gusta vender"?

Objeciones de "vender"

Antes de aprender a manejar esta objeción, vamos a visitar la percepción de las ventas, el personal de ventas y la definición de "vender." La mayoría de nosotros hemos escuchado a alguien decir algo negativo acerca de las ventas o de la gente que es vendedora.

Tal vez tú mismo has dicho una de las siguientes frases respecto a las ventas.

… "No puedo vender."
… "No me gusta vender."
… "No quiero tener que convencer a la gente a que compre."
… "No me gustan los vendedores."
… "No quiero ser fastidioso."
… "No podría hacer eso yo."

Muchas personas creen que aprender a manejar objeciones es lo que la gente de ventas hace. Alguna forma de "no puedo vender" O, "Yo no quiero vender" es quizás una de las cinco principales objeciones que puedes esperar escuchar de tus prospectos.

Una vez más, primero vas a tener que reconocer, examinar y enfrentar tus propias creencias, porque tus creencias personales definitivamente entran en la ecuación de como contactar efectivamente.

Simplemente un intercambio de valores

El maestro de maestros, Leyland Val Van De Wall ofrece esta definición de las ventas. Él lo dijo asi:

"El vender no es nada más que el intercambio de valores."

Para aclarar, él añadió, *"el intercambiar valores solamente requiere una manera de comunicarse y el deseo de ayudarse entre sí a conseguir lo que quieren. Si te enfocas en ayudar a las personas a conseguir lo que quieren, puedes crear el ambiente para también conseguir lo que tú quieres."*

Algunas personas no reconocen un buen vendedor cuando se encuentran con uno porque la interacción es tan agradable y sin dolor. Cuando el intercambio es bien manejado no se siente como una venta; se siente como si dos personas simplemente disfrutan de un intercambio feliz y mutuamente beneficiosa de valores.

La mayoría de la gente le gusta comprar, pero no les gusta que les vendan. Por otro lado, la gente admira, respeta y le compran a aquellos que aprenden lo que quieren (valor) y están dispuestos a ayudarles a conseguir lo que quieren.

Mantén tu intención de ayudar a la gente. Tu objetivo es ayudar éticamente a resolver las inquietudes y problemas de tomar decisiones de la gente. Parte del valor que ofreces es proporcionar claridad al escuchar y hacer buenas preguntas para que puedas ayudarles a tomar una decisión de compra, participar o involucrarse; si eso sirve a sus intereses.

Aquí hay más ideas de qué decir cuando la gente dice, "No puedo vender." O "No me gusta vender."

"Laura, que bueno que menciona esto. Puede que se sorprenda al saber que no me gusta que me vendan... y la mayoría de la gente se siente de la misma manera."

"Lo que realmente ha hecho la diferencia para mi es que yo renuncié a tratar de estar en el negocio de ventas y mejor aprendí a desarrollar el "negocio de la invitación." Honestamente, lo que hago todos los días es invitar a la gente a ver un video, invitar a la gente a escuchar un CD, invitar a la gente a ver una presentación, o invitar a la gente a leer algo interesante. Yo no le vendo a las personas; solamente los invito porque es mucho más agradable para el prospecto y para mí."

"Aquí está mi pregunta, Laura. Si te puedo mostrar una manera completamente diferente de cómo vender; si te puedo mostrar cómo ganar dinero simplemente invitando a la gente a echarle un vistazo a algo que tiene el potencial de cambiar su vida de una manera positiva, ¿estarías lista para empezar?"

O, Joanna dice: "Yo simplemente no quiero vender."

"Eso está muy bien, porque nosotros nos enfocamos en las recomendaciones y los referidos. ¿Alguna vez le has recomendado un restaurante o una película a un amigo? ¿Alguna vez te han pagado por tus recomendaciones? Nuestro negocio te paga por recomendar algo en lo que ya crees y confías."

O,

"¡Perfecto! ¡Nosotros tampoco! En vez de eso, le mostramos a la gente cómo compartir herramientas que son los que hablan por ellos con una presentación profesional. Somos los mensajeros, no el mensaje."

La respuesta de "Las dos definiciones de vender"

"José Luis, gracias, me alegro que compartas tus sentimientos acerca de las ventas. Eres demasiado inteligente

para engañarte. ¿Pero, estás abierto a escuchar otro punto de vista?"

Si asienten con la cabeza o dicen, "si," entonces continúa.

"¿Estás de acuerdo, José Luis, que una definición de las ventas es tratar de que la gente compre algo que no necesitan ni quieren? ¿Estás de acuerdo con esa definición? " "¿Estás de acuerdo que otra posible definición de las ventas es simplemente compartir tu amor o la pasión por un producto o servicio con las personas que no se van a molestar o sentir que les estás vendiendo por hacerles una sincera recomendación... y que incluso te van a dar las gracias por compartírselo a ellos?"

"¿Qué pasaría si supieras que hay millones de personas esperando oír hablar de lo que nosotros tenemos? Si supieras que eso es cierto, ¿qué dirías?"

"Si supieras que mi equipo está usando herramientas para encontrar gente que nos agradecen, nos felicita e incluso nos abraza por compartir lo que tenemos con ellos, ¿qué dirías?"

"Si yo te pudiera mostrar cómo juntos podemos encontrar personas que están buscando lo que tenemos, ¿estarías listo para los próximos pasos?"

Por supuesto, recuerda el viejo dicho; "*Una persona convencida contra su voluntad sigue teniendo la misma opinión todavía.*" Algunas personas tienen creencias personales muy arraigadas, ciertas actitudes y temores sobre el dinero, las ventas y el negocio que nunca cambiará.

La creencia más importante que puedes tener es tu propia opinión personal acerca de lo que estás ofreciendo. Nunca trates de convencer a nadie. Simplemente asegúrate de que entiendes claramente la opinión de tu prospecto. Ofréceles otra perspectiva posible y si nada cambia, sigue con el que sigue; pero primero ¡pídeles alguna recomendación de alguien que si le gustaría informarse acerca de lo que estamos haciendo!

¿A quién conoces que me pudieras recomendar?

Si encuentras a una persona muy resistente o simplemente no les interesa, siempre toma la oportunidad de pedir un referido, o lo que me gusta llamar una recomendación de "¿A quién conoces?"

Dice así:

"Felipe, parece que este no es el momento adecuado para ti... pero qué bueno que te tomaste el tiempo para informarte. ¿Puedo pedirte un pequeño favor?"

Si dicen, "Si" o "¿Qué favor?"... sigue adelante y haz la pregunta.

"¿A quién conoces, que me puedas recomendar, ya sea que tenga un poco de experiencia en negocios, algunas cualidades de liderazgo o que esté buscando como generar más dinero... y podría estar abierto a un proyecto de negocios con gran potencial?"

"¿A quién conoces que sientes que no se le está pagando lo que valen... o no está pasando suficiente tiempo libre con su familia... o tal vez alguien que no está completamente satisfecho con el tipo de trabajo que están haciendo?"

Nota importante: No les pidas que te "recomienden a TI con alguien." Pídeles que te "recomienden alguien a ti" que tenga las características que ya le mencionaste en tu pregunta.

Si no pueden pensar en alguien, dales las gracias por considerar y termina la conversación:

"Gracias, si no puedes pensar en nadie, ¡no te preocupes! Si

llegaras a pensar en alguien en el futuro que se ajusta a la descripción que te dije, por favor házmelo saber para poder compartirle esta tremenda información."

Si te dan un nombre, diles esto:

"¿Hay alguien más que se te viene a la mente?"

(Quizás tengas que repetir que tipo de persona estás buscando para refrescar su memoria.)

Una vez que tengas todos los nombres que tu prospecto te pueda dar, cierra la conversación e informales que los vas a mantener al tanto de lo que sus referidos hagan.

"Ernesto, realmente aprecio el nombre (o nombres) que me diste; y si no te molesta, ¿te puedo mandar a decir cuál fue la respuesta de las personas que me recomendaste?"

La mayoría de la gente va a decir que sí. Esto deja la puerta abierta para que te puedas poner en contacto con ellos.

¿Imagínate si la persona que te recomiendan tiene una respuesta positiva o se involucra con tu producto, servicio o negocio?

Asegúrate de ponerte en contacto con la "persona que te dio el referido" y hazles saber la buena noticia. ¿Quién sabe? Pueden reconsiderar después de enterarse de que la persona que te recomendaron vio algo que quizás ellos no vieron la primera vez.

Por cierto, si tienes un producto, servicio o una oportunidad excepcional, hay millones de personas abiertas a aprender acerca de cómo pueden mejorar sus vidas.

CAPITULO SIETE

¿Qué tal si alguien dice, "No tengo dinero"?

La riqueza es saber qué es lo que quieres

Antes de compartir tu negocio con tus prospectos es importante encontrar una manera de descubrir si tienen o no tienen una necesidad real del negocio, o tus productos, antes de que des una presentación o te preocupes por saber manejar sus objeciones.

Siempre que sea posible, asegúrate de que entiendas sus deseos y necesidades para que puedas estructurar tu respuesta. Una vez más, y voy a decir esto una y otra vez, una de las mejores maneras de hacerlo es desarrollar el hábito primero hacer "preguntas de expansión."

Por ejemplo, dile... *"¿Puedo hacerte una pregunta?"* (Pausa y espera su respuesta.)

"¿Que es importante para usted en este momento?"

"¿Qué es lo que quieres de la vida que no has podido lograr hasta ahora?"

"¿De qué es de lo que más te quejas? ... No acerca de ti mismo... pero de tu estilo de vida que has podido lograr."

"¿Qué es lo que te gustaría tener, o qué harías si el dinero no fuera problema?"

"¿Qué está pasando en tu vida que te gustaría poder tener una solución para resolverlo?"

Es importante entender que la mayoría de la gente quiere las mismas cosas; más dinero, más tiempo, libertad, salud vibrante, relaciones significativas y la sensación de que están progresando en la vida o tal vez haciendo una diferencia positiva para los demás.

La mayoría de las personas, sin importar como lo describen o expresan, están buscando la paz financiera, física y mental.

Hazte bueno en pintar "soluciones" para tus prospectos. Esto no es tanto sobre el producto que estás vendiendo – pero es más sobre cómo lo que les estás ofreciendo les puede ayudar a alcanzar sus sueños. Déjalos que vean que lo que tienes es una oportunidad para ellos para lograr la paz mental.

Si eres bueno en hacer preguntas y aprendes a responder a sus necesidades, serás capaz de evitar la objeción del dinero, o cuando te hagan esa objeción, serás capaz de manejarla con seguridad.

Siempre mantén en mente el sistema AVVIS: (ACEPTAR, VALIDAR / VERIFICAR, INDIVIDUALIZAR, SOLUCIONAR) Considera responder primero con una pregunta de expansión. Si ellos dicen: "*Yo no tengo el dinero*", aquí están algunas respuestas o preguntas de expansión, que pueden funcionar:

"Yo sé cómo se siente y tal vez se por lo que estás pasando. También sé que sabes que se necesita un poco de inversión para iniciar cualquier negocio. ¿Cómo imaginaste que se podría empezar este negocio?"

"Wow, ¿y cómo te sientes?" Pausa y espera una respuesta y luego pregunta: *"¿Vas a dejar que eso te impida conseguir las cosas que dices que quieres en la vida?"*

"¿Es realmente que usted no tiene el dinero, o simplemente estás diciendo eso para no decirme que realmente no quieres lograr eso que dijiste?"

"Puedo entender que ahorita no tienes el dinero, pero si tuvieras el dinero, ¿estarías dispuesto a unirte a nosotros en este momento?"

"Te escucho. Déjame preguntarte, si el dinero no fuera un problema, ¿qué harías con tu tiempo? ¿Quieres viajar, comprar una casa, un carro, o visitar las mejores ciudades del mundo? ¿Qué harías?"

"Digamos que un Mercedes Benz negro está estacionado en el frente y lo único que te impide ser dueño de ese carro son $500 y 60 días de trabajo a tiempo parcial. ¿Qué dirías?"

Ayuda a tu prospecto obtener claridad. Ayúdalos a pintar una imagen de lo que sería la vida para ellos si el dinero no fuera problema. Ayúdalos a ver los pasos que deben tomar para conseguir lo que sea que dicen que quieren. Además, ayúdalos a ver lo que les impide conseguir lo que quieren.

No "sermonees." Eso enfada a la mayoría de la gente. Una buena manera de evitar que suenes que le estás dando un sermón es utilizando el sistema: ESCUCHAR (AVVIS) y hacer preguntas.

¡No olvides RESOLVER!

"Chely, si yo pudiera mostrarte cómo empezar, y recuperar la pequeña inversión que hiciste en menos de 30 días, con ganancia, ¿estarías lista para empezar?"

Ayúdalos a ver que el dinero no es un gasto, sino una inversión en sus sueños para el futuro.

"La riqueza es <u>saber</u> lo que quieres. La infelicidad es <u>no saber</u> lo que realmente quieres y matarte a ti mismo para obtenerlo."

Si quieres un lugar en el sol, debes dejar la sombra del árbol familiar.

CAPITULO OCHO

¿Qué tal si alguien dice, "Déjame pensarlo"?

Poniendo las cosas sobre la mesa

No importa qué tipo de producto, servicio u oportunidad estás ofreciendo, en algún momento notarás el proceso de continuar disminuir y la respuesta de "quiero pensarlo."

La objeción de "quiero pensarlo", o "déjame pensarlo," causa que muchos profesionales del Mercadeo en Red se tambaleen en sus palabras. Los contactadores maestros pocas veces tropiezan; así que vamos a asegurarnos de que esto no te suceda a ti.

La objeción de "déjame pensarlo" es por lo general una objeción no expresada y la oportunidad perfecta para que hagas una "pregunta de expansión."

No olvides; las objeciones no expresadas son vagas y tal vez reflejan cierta preocupación o preguntas que la persona no ha hecho. Por otra parte, sólo puede ser que no es un buen momento para introducir algo nuevo en su vida.

Tu objetivo es ver si puedes conseguir poner la pregunta, preocupación u objeción sobre la mesa.

AVVIS es el sistema para manejar la objeción, "déjame pensarlo."

Primero ESCUCHA y después VALIDA el problema:

"Por supuesto, no hay problema. Siempre he pensado que es importante pensar un poco antes de tomar decisiones importantes."

(A continuación, haz tu PREGUNTA para aclarar su preocupación):

"Antes de irte, ¿puedo hacerte una pregunta?" Obtén su acuerdo antes de continuar.

"Por lo general, cuando yo digo que tengo que pensar en algo significa una de tres cosas; ya sea que tengo un problema con el precio, un problema con el producto o hay algo que aún no está claro para mí. ¿Cuál de esas cosas es para ti?"

La mayoría de las veces tus prospectos apreciarán tu apertura porque respetuosamente les permites ser francos contigo y tal vez podrás conseguir la verdadera razón por la cual no están listos para empezar. Dales la oportunidad de expresar su objeción real.

Ten cuidado preguntarle a tus prospectos qué es lo que piensan. Ellos pueden decir: "*Déjame pensarlo.*"

Siempre es mejor preguntarle a la gente *qué es lo que más les gusto sobre lo que vieron o escucharon*, en vez de *qué les pareció*.

"¿Cómo te sientes acerca de la información que viste?"

"Dime, ¿qué es lo que realmente te llamó la atención?"

Aquí hay una simple "pregunta general" que puedes usar después de una presentación o después de que alguien dice, "*tengo que pensarlo.*" Puede ayudarte a entender lo que la persona está pensando y redirigirlos tácticamente en una diferente conversación de claridad y posiblemente tomar los siguientes pasos:

"María, que bueno que lo quieres pensar. ¿Puedo preguntarte algo?"

(Espera su respuesta.)

"Después de todo lo que has visto hasta ahorita; ¿te ves más como consumidora, una constructora de negocios, o ambas cosas?"

Si su respuesta sigue siendo algo así como: *"Todavía tengo que pensarlo"*, puedes probar lo siguiente:

"María, en realidad yo también soy el tipo de persona que "tiene que pensarla." Cuando digo: "Tengo que pensarlo", por lo general hay algunas cosas que quiero investigar, algo que tengo que leer o ver o conocer. Mientras que usted lo piensa, ¿estaría dispuesta a...? (Ver el DVD, escuchar este CD, ver este video, leer este folleto o libro, etc.)"

Si estás claro sobre la necesidad de la persona (un ingreso extra, más tiempo libre, insatisfacción con su trabajo o carrera actual, etc.), entonces es posible que los puedas volver a conectar con su "dolor" y resumir:

"Julio, entiendo que quieres pensarlo... eso es importante. Pero también me doy cuenta que el problema de querer encontrar una manera de tener más tiempo con tu familia también es importante para ti, y estoy deseando trabajar juntos para lograr tu objetivo. ¿Cuándo te gustaría que nos volviéramos a ver para darte los detalles de cómo lo podemos hacer juntos?"

Recuerda, lo que estás haciendo es "dirigiendo la comunicación" y ayudando a la gente a que tome los siguientes pasos para empezar a trabajar por sus sueños. Tú estás ayudando a la gente a aclarar sus pensamientos y tomar decisiones. Tú no estás tratando de convencer a nadie; eso es algo que no funciona y no sirve de nada a largo plazo.

Tú estás buscando claridad para ti y para tu prospecto.

¡Si quieres claridad, aprende a tomar la iniciativa y hacer mejores preguntas!

Los jardines no son hechos por cantar "Oh, que hermoso," y luego sentandote en la sombra.

RUDYARD KIPLING

CAPITULO NUEVE

¿Qué tal si alguien dice, "Necesito hablar con mi pareja"?

Mientras que esta objeción no aparece tan a menudo como algunos otros, manejar esta objeción u otras objeciones pueden ser estresantes si no estás preparado.

Tal vez te sorprenda saber que de 8 a 10 de las objeciones de tus prospectos probablemente representarán el 98% de todas las objeciones que vas a escuchar.

Pero no olvides, el trabajo de un maestro para contactar es escuchar sin prejuzgar (No interrumpas, presta atención) y por supuesto tu arma secreta es AVVIS.

1. ACEPTA LA OBJECION (*Te escucho.*)
2. VERIFICAR ("*¿Quisiste decir*_____?*" o, "¿Esto es lo que quieres decir?*")
3. VALIDAR e identifícate con (*Se cómo te sientes, yo me sentía igual.*)
4. INDIVIDUALIZA la objeción ("*¿Es esta tu única preocupación o la más importante? ¿Qué más?*")
5. SOLUCIONA el problema ("Si te pudiera ensenar una manera....si hubiera la manera...")

Pregunta (Reafirma la solución y sigue a los siguientes pasos)

Siguiendo el flujo del sistema de AVVIS, podrás manejar la mayoría de las objeciones del Mercadeo en Red.

En mi experiencia, la objeción de "tengo que hablar con mi pareja," es una de las diez objeciones principales del Mercadeo en Red. Es un poco más difícil que algunas otras objeciones porque lo último que quieres hacer es alejar a la pareja de alguien o hacer que se sientan incómodos con la idea de que quieren buscar el apoyo o el permiso de su cónyuge.

Lo primero que quieres saber es; ¿esta objeción es cierta? ¿Realmente quieren el apoyo de su cónyuge o es una manera para evitar o retrasar tomar una decisión? He aquí una respuesta que te puede ayudar. Sutilmente cubre todas las bases (AVVIS) en una pregunta:

"Susana, entiendo lo que dices, y nunca te pediría que tomaras una decisión sin la opinión de tu cónyuge. Tener buena comunicación es lo que hace que las relaciones funcionen mejor..."

Aquí está tu pregunta aclaradora:

"...Si le preguntas a tu marido, y él está de acuerdo con lo que quieres hacer con el negocio y te apoya, ¿estarías dispuesta a comenzar hoy?"

Si titubean, o dicen cualquier cosa menos "si," entonces no has encontrado la objeción verdadera y debes hacer más preguntas para llegar a la objeción verdadera.

Aquí hay algo más que puedes probar. Si nada más, puede ayudarte a ti a obtener claridad:

"Alma, ¿podrías ser honesta conmigo si te hago una pregunta sincera? ¿Realmente necesitas la aprobación de tu marido o sólo estás diciendo eso para no herir mis sentimientos?"

Es una buena pregunta, y se puede utilizar para una variedad de objeciones cuando no estás seguro si una persona está siendo completamente sincero.

Ten cuidado de no decir: *"Sea honesto conmigo"* o *"Dime la verdad."* Para algunas personas, sólo por el uso de estas palabras le estás dando a entender la falta de honradez de su parte. Mejor invítalos a ser "sinceros" o "abiertos."

Aquí hay una más:

"Juana, tengo la sensación de que si estás entusiasmada y pareces lista para unirte al equipo, excepto por querer el apoyo de tu marido. ¿Eso es más o menos cierto?"

Si dicen que "si" entonces continúa.

"Para ser justos con tu cónyuge y contigo, ¿cuándo sugieres que le mostremos la presentación a tu marido, de una manera que él también se emocione y esté listo para empezar contigo?"

Tú ya lo pusiste sobre la mesa. Si están realmente listos para empezar y no tienen más "objeciones", entonces has confirmado su deseo de empezar y ahora es momento de pedirle cual es la mejor manera de continuar para que puedan obtener lo que quieren.

Es crucial entender que si el tiempo no es correcto para las personas o las personas no están listos para un cambio en su vida, no importa qué tan efectivo seas en acercarte a la gente y en el manejo de sus objeciones, no van a estar abiertos a lo que tienes que ofrecer.

No hay seguridad en esta vida.
Solamente hay oportunidad.

DOUGLAS MACARTHUR

CAPITULO DIEZ

¿Qué tal si alguien dice, "Me puedes prometer que voy a ganar dinero"?

"Promesas, promesas"

Esta pregunta no te la van hacer muy seguido, pero cuando la hagan, vas a tener que estar preparado.

Por lo general, lo que la persona está buscando es cierta seguridad. La mayoría de las personas, asumiendo que tienen una necesidad real de la oportunidad de negocio que le estás compartiendo, están buscando las respuestas a cuatro preguntas antes de tomar una decisión de seguir adelante:

1. ¿Me caes bien?
2. ¿Puedo confiar en ti?
3. ¿Tú me vas ayudar?
4. ¿Tienes un plan para mí que pueda seguir?

A veces las personas te lo preguntarán de esta manera:

"¿Me puedes prometer un buen ingreso? ¿Me puedes prometer que voy a ganar miles de dólares?"

Aquí está una respuesta adecuada a esta pregunta. Pone el enfoque directamente en los esfuerzos del individuo, donde pertenece.

"Miguel, la simple verdad es que nadie te puede prometer eso porque nadie más que tu sabe cuánto esfuerzo, energía y pasión le vas a dedicar a este proyecto."

"Hay dos cosas que si te puedo prometer:"

"La primera es de que si no haces nada, nada va a cambiar."

"La segunda es que si decides seguir adelante con nosotros, si permaneces enfocado, te dejas entrenar y sigues trabajando constantemente vamos a ganar dinero juntos y vamos a divertirnos mucho en el proceso. Tú vas a estar trabajando con un equipo de personas que están invirtiendo en tu éxito. Tendrás la oportunidad de unirte a las decenas de miles de profesionales del Mercadeo en Red que están ganando ingresos de tiempo completo con un esfuerzo a tiempo parcial."

"¿Miguel, que dices?"

Siempre comparte los detalles de cómo vas a trabajar con ellos y cómo vas apoyar sus esfuerzos para alcanzar sus metas. Asegúrate de explicar claramente el sistema duplicable de tu compañía o el que tu equipo de apoyo utiliza para apoyar a los nuevos miembros del equipo.

CAPITULO ONCE

¿Cómo hacer que tu comunicación vibre?

Hay un dicho que no hay una segunda oportunidad para causar una primera impresión.

En ninguna parte es esto más cierto que en el Mercadeo en Red. Si tú estás haciendo una llamada telefónica, hablando con un grupo pequeño o a un individuo, tienes solamente unos segundos para que la gente quiera escuchar o aprender más.

Las grandes empresas gastan millones, creando una imagen o identidad de sus productos. En el Mercadeo en Red, tú eres tu propia marca.

Tú debes crear tu propio mensaje positivo de publicidad.

Aquí hay varias maneras para ayudarte a crear la fuerte imagen positiva que quieres reflejar y posicionarte como un profesional creíble.

Tu introducción vibrante de veinte segundos

Aprende a presentarte con una introducción vibrante de veinte segundos. ¿Alguna vez te han presentado a alguien y después de un minuto o dos estás confundido y todavía no tienes idea de qué es lo que hacen o cómo librarte de la conversación? Palabras demasiado técnicas y descripciones muy extensas les quitan energía a todos y hacen que las conversaciones terminen rápidamente.

Asegúrate que después de conocerte y escuchar acerca de tu compañía la gente no se aleje confundida y se vayan pensando: "¿Y qué?" O "¿Eh?" Muy a menudo, la respuesta es confusa (y quizás hasta evasiva) y hace poco para crear interés o curiosidad de la persona que le hizo la pregunta.

Sé memorable. Crea una respuesta interesante y vibrante de veinticinco palabras que dice quién eres, a qué mercado sirves y que provoque interés. Asegúrate que un jovencito de séptimo grado pueda entender tu mensaje.

Confuso: *"Yo soy el CEO de TecVerdad. Utilizamos los últimos programas y algoritmos de transcripción de vídeo para programar computadoras para los expertos de pruebas y de sus grupos de interés para apoyar el alto perfil de los casos legales con elevada exposición de riesgo y bla, bla, bla..."*

Mucho mejor: *"Hola, soy Benito. Mi empresa es TecVerdad y nos especializamos en el software para determinar si un testigo de corte está diciendo la verdad o no."*

Vende lo que la gente quiere comprar. Las personas que son nuevos en contactar (y en vender) suelen perder este punto; las personas sólo están interesados en la solución de sus propios problemas. Asegúrate que cuando estás hablando o presentando que le estás mostrando a la gente a resolver sus problemas con tu producto, servicio u oportunidad.

"Yo trabajo con gente que está cansada de las dietas. Mi nombre es Tina y tengo un programa comprobado, sin ninguna dieta o ejercicio – para bajar de peso llamado el Plan Amistoso."

¡Debes estar listo! Tu introducción vibrante también puede ser tu respuesta a la pregunta: "¿A qué te dedicas?" Siempre responde enfocándote en el valor que le das a la persona con la que estás hablando.

"Mi nombre es Evaristo y me especializo en curar el cáncer de la cuenta bancaria de la gente. Ayudo a las personas a

crear fuentes de ingresos adicionales a través de sus compras mensuales."

Aprende a identificar lo que motiva a la gente. Siempre enfócate en los beneficios de tu producto o tu oportunidad. Los principiantes tienden a enfocarse en todas las funciones y características del producto. A la gente simplemente no le importa de qué están hechas tus galletas o cómo las hiciste. Están más interesados en saber si son bajos en colesterol, libre de químicos y si tienen buen sabor.

"Yo ayudo a la gente a mejorar su salud y aumentar sus niveles de energía con suplementos naturales."

"Me especializo en ayudar a la gente a crear un flujo de ingresos secundarios con una pequeña inversión de tiempo y dinero."

Tus prospectos siempre se preguntan: "¿Qué hay para mí en esto?" Esa es la pregunta que siempre debes enfocarte en responder. Aquí hay una advertencia que es vieja pero buena: "No es importante como se hizo tu producto pero, ¿que hay para ti y para mí?"

¿Sabes...? Lo que hago es...

Cada profesional del Mercadeo en Red (y todas las personas de negocios) deben estar preparados con una respuesta bien elaborado para la pregunta, "¿Qué hace usted?" Tener una respuesta lista y bien fabricada puede hacer maravillas para tu postura y tu confianza, así como los resultados al momento de contactar.

Este ejercicio puede ayudarte a crear tu propia respuesta vibrante de veinte segundos a la pregunta "¿A qué te dedicas?"

Siéntate con dos pedazos de papel en blanco. En la parte superior de la primera página escribe el título: **¿Sabes…?** En la parte superior de la segunda página escribe el título: **Lo que yo hago es**.

Bajo el título **"¿Sabes?"** describe entre 8 a 10 de los problemas o dolores principales que tienen tus posibles clientes o prospectos - especialmente los que tu producto, servicio u oportunidad pueden resolver. Estos son los "dolores" que puedes resolver.

Bajo el título **"Lo que yo hago es"** haz una lista de cómo tu producto, servicio u oportunidad resuelve esos problemas o dolores. Estas son las soluciones "para el dolor" y cómo puedes servir a la gente.

Una vez que tengas tu lista de "dolores y soluciones", habrás creado varias respuestas posibles para una respuesta bien elaborada para la pregunta "¿A qué te dedicas?" o "¿Qué es lo que haces?"

EJEMPLO:

Prospecto: *"Así que, ¿a qué te dedicas?"*

Yo: *"¿Sabes que hay millones de personas que les encantaría tener su propio negocio, tal vez trabajar desde casa, ser su propio jefe, o ser dueños de su tiempo, pero tienen miedo a vender, no quieren hablar con sus familias o extraños acerca de negocios, o no saben qué decir o cómo decirlo... o incluso cómo empezar?"*

Prospecto: *"Si, si lo sé."*

Yo: *"Bueno, yo soy un autor, profesor y entrenador... y lo que hago es mostrarle a la gente el increíble arte de "vender a través de conversaciones" Enseño a la gente un modelo de contactar que es tan simple y fácil de aprender, que casi cualquier persona puede aplicarla para promover cualquier producto, servicio u oportunidad que elijan... y pueden construir un negocio tremendamente exitoso."*

Otro ejemplo:

Prospecto: *"¿Así que, qué haces? ¿A qué te dedicas?"*

Tu: *"Bueno, ¿sabes cómo en esta economía muchas personas están sin trabajo, y muchos de los que tienen trabajo no ganan lo suficiente y simplemente no hay manera de poder ahorrar dinero para la universidad de sus hijos o para su futuro?"*

Prospecto: *"Si, eso es verdad."*

Tu: *"Bueno, lo que yo hago es enseñar a la gente cómo puede crear una segunda fuente de ingreso, a tiempo parcial, mayormente con el uso del internet."*

O: *"Bueno, lo que yo hago es mostrarle a la gente cómo puede tener un negocio desde su hogar trabajando a medio tiempo y que les puede dar a ganar dinero incluso mientras duermen."*

Cuando presentas una solución a un dolor con el que la persona se puede relacionar ellos te lo harán saber, y entonces tendrás a un prospecto pre-calificado. Vas a saber que le diste en el clavo cuando la persona vuelva y diga algo como: *"A ver...dime más"*, o,

"Eso suena interesante, dime como lo haces."

Aquí hay un pequeño paso que puedes agregar a tu respuesta para determinar si la persona simplemente trata de hacer conversación o realmente tiene un verdadero interés en aprender más.

EJEMPLO:

Prospecto: *"Ernesto, ¿a qué te dedicas?"*

Tu: *"Tengo mi propio negocio."*

Prospecto: *"Oh, ¿qué tipo de negocio es?"* Si no te *preguntan* entonces quizás no estén interesados en saber más.

Tu: *"Bueno, ¿sabes que hay mucha gente que no están obteniendo todo lo que desean de su alimentación y deberían estar comiendo más saludable, pero simplemente no tienen el tiempo?"*

Prospecto: *"Si, lo creo."*

Tu: *"Bueno, lo que yo hago es mostrarle a la gente cómo pueden obtener la mayoría, o casi todos los nutrientes que necesitan de un suplemento nutricional que es súper saludable, económico y con gran sabor."*

Una vez más, si son tus posibles prospectos y les has elevado su interés, probablemente te seguirán haciendo más preguntas. Si no, no los presiones.

Solamente sigue puliendo y perfeccionando tu respuesta **"¿Sabes...? Lo que hago es**," hasta que estés completamente cómodo con como fluye - y cada vez más, la gente va a estar diciendo: *"Hmm... dime más."*

Por qué la gente compra

Entender por qué la gente compra puede ayudarte a diseñar y refinar tu mensaje vibrante y tus respuestas. Hay cinco motivos básicos que resumen las razones por las que la gente compra.

1. Ganancias: La gente quiere ganar, quiere alcanzar logros, y quieren una ganancia o beneficio monetario.

2. Placer: El placer puede ser comodidad, conveniencia, afecto, reconocimiento, belleza, atracción, y el lujo.

3. Tranquilidad: La gente quiere un servicio que protege sus intereses, su propiedad, su salud, su seguridad futura y la de sus seres queridos.

4. Dolor: La mayoría de la gente quiere evitar el dolor del hambre, la pobreza, las enfermedades, los conflictos con los demás e incluso el dolor al cambio.

5. Orgullo: La gente tiene una necesidad innata para su aprobación, aceptación, afecto, admiración, y la necesidad de un avance de sus habilidades, estilo de vida, reputación o simplemente la sensación de que están a cargo de sus propias vidas.

Aprende a diseñar tu enfoque, tu intención y tus preguntas para que estés ayudando a las personas a cubrir una de las cinco motivaciones para comprar con lo que tienes para ellos.

La recomendación de una tercera persona es más creíble

Utiliza ejemplos o historias de terceras personas en vez de usar ejemplos fantasiosos y exagerados. La gente no tiende a creer afirmaciones tales como: "Es muy grande,... es increíble", "asombroso"... para ellos no suena real.

En vez de eso, muéstrales cómo a otros les encanta tu producto o servicio. Busca oportunidades para agregar credibilidad por medio de testimonios, y asegúrate que sean reales, concretos y honestos.

¿Cuál respuesta es más creíble?

(1) Cliente: *"¿Qué tal está la especial de hoy?"* Mesero: *"Está fantástico. ¡Está fuera de serie!"*

(2) Cliente: *"¿Qué tal está la especial de hoy?"* Mesero: *"Que bueno que pregunta. La pareja que se acaba de ir dijo que es uno de los mejores alimentos que han probado en nuestro restaurante."*

¿Conociste a la pareja? No. ¿Sabes quién es? No, pero la segunda respuesta es más creíble. ¿Por qué? Porque la recomendación venia de un tercero. Por supuesto, asegúrate de que tu respuesta también sea verdad.

Se consciente de tu audiencia. Tú debes tener varias frases vibrantes de veinte segundos que puedas usar dependiendo quien te hace la pregunta *"¿a qué te dedicas?"* Gran parte de tu introducción depende de dónde quieres llevar la conversación con un prospecto - ¿producto o negocio?

Si no tienes una gran cantidad de información, es posible que desees mantener tu mensaje muy general. Sin embargo, si estás hablando con personas que están buscando un negocio o ganar más dinero, les puedes ofrecer una introducción vibrante que se enfoque en tu oportunidad de negocios en vez de tu producto.

"Hola soy David. Estoy en el negocio de ayudar personas a trabajar desde su casa y ganar un ingreso extra."

"Mi nombre es Víctor y estoy en el negocio de ayudar a personas encontrar maneras más naturales de cómo mejorar su salud."

Siempre ten en mente tu intención y la intención número uno del Mercadeo en Red – *ayudar* y *servir* a las personas.

El poder de escuchar atentamente

El poder de escuchar activamente. El secreto mejor guardado y menos utilizado de la comunicación eficaz es escuchar. Es mucho más difícil ayudar y servir a la gente si no sabes lo que quieren, necesitan o no quieren. Para aprender qué es importante para las personas, tienes que aprender a comunicarte de manera eficaz.

La mayoría de la gente piensa acerca de hablar cuando piensan en la comunicación. Sin embargo, un estudio en el escuchar mostró que los adultos típicamente gastan alrededor del 70% de sus horas despiertos comunicándose con los demás y se divide en estas proporciones:

Por escrito – 9%
Lectura – 16%
Hablando – 30%
Escuchando – 40%

Si nos pasamos tanto tiempo de nuestras vidas escuchando, entonces deberíamos ser buenos en eso. ¿Correcto?

Desafortunadamente muchos de nosotros oímos pero no escuchamos por lo tanto no obtenemos el pleno entendimiento. El oír es pasivo. Pero el escuchar es activo y requiere toda nuestra atención.

Aquí está una frase para ayudarte a mejorar tu habilidad de "escuchar para prospectar" y que apoyará tu intención de ayudar a las personas. El objetivo es ver si tu producto, servicio, u oportunidad son una buena solución para sus necesidades.

ESCUCHAR - **Aprender a invitar inteligentemente al encontrar su necesidad**

Un interesante cambio de perspectiva es pensar en tu negocio como un "negocio de invitación." Como un buen oyente vas a invitar a la gente a compartir sus preocupaciones, deseos y necesidades y luego invitarlos a revisar o considerar tu servicio, producto u oportunidad como su posible solución.

Si hay una necesidad no-biológica que todas las personas tienen, es *sentirse importante*. ¿Cómo puedes ayudar a que la gente se sienta importante? Haz preguntas y déjalos hablar y expresarse. Una vez que sepas lo que la persona tiene en su mente, lo que necesitan o quieren, entonces puedes "inteligentemente" (y estratégicamente) "invitarlos" a revisar, probar, comprar, o considerar tu producto u oportunidad.

Aquí hay seis maneras para mejorar tu habilidad para escuchar y comunicarte:

1. Habla menos. Muérdete la lengua. Es imposible escuchar y hablar a la misma vez.

2. No interrumpas. Una pausa no significa que tu prospecto ya terminó con su tema.

3. Presta atención y escucha para encontrar sus problemas, deseos, o necesidades. Haz esto tu objetivo más importante mientras escuchas.

4. Escucha atentamente al proporcionar retroalimentación de vez en cuando. Demuestra que estás escuchando al decir, "Si, yo entiendo," y "Así que lo que estás diciendo es…" "Dime más acerca de eso…" "Parece que *(llena el espacio)* es importante para ti."

5. Cierra las distracciones externas y las conversaciones internas que tengas. Tu prospecto notará inmediatamente si tu mente está en otro lugar.

6. Escucha y busca ideas no solamente escuches palabras. Pregúntate, "¿Qué idea está tratando de explicarme este prospecto?"

Si sientes que entiendes el punto que la persona está haciendo, es posible que desees resumir y repetir su punto. Luego, pídele su perspectiva para confirmar que realmente entiendes el punto que están haciendo.

La biblia dice, "Pide y se te dará." La biblia del Mercadeo en Red dice, "Escucha y aprende a hacer buenas preguntas, y se te dará."

Preguntas aclaratorias – ayudando a que la gente siga al siguiente paso

Aquí hay dos técnicas de comunicación simples que puedes utilizar una y otra vez en una variedad de conversaciones para determinar el interés de un prospecto para avanzar.

Estos no son trucos de ventas. Estas son frases de comunicación adecuados que te ayudarán a descubrir dónde estás en cuanto al proceso de comunicación con el prospecto. ¿Has solucionado sus necesidades? ¿Requieren más información? ¿Has resuelto su problema? ¿Has manejado sus objeciones? y, si es así, ¿están listos para tomar decisiones o tomar los próximos pasos?

No estás tratando de convencer. Estás "tomando la iniciativa" en la comunicación al ayudarles a obtener claridad para tomar su decisión.

1. "Si supieras con certeza *(LLENA EL ESPACIO)*"

Para preguntar esto, tienes que "llenar el espacio" basado en lo que el prospecto te ha dicho acerca de sus necesidades. El "blanco" es suplir sus necesidades.

Por ejemplo: que este negocio "*te ayudará a cumplir tus metas financieras,... ayudará a dormir mejor y te dará más energía,... ayudará a lograr tus sueños,... te dará más tiempo libre con tu familia,... te ayudará a superar tu miedo a las ventas,... te proveerá el Plan-B del que hablamos*", etc.

También debes encajar tu resultado en la conversación; esto quiere decir que debes mencionar lo que te gustaría que hagan como resultado de la condición que se cumple.

"Si supieras con certeza (LLENA EL ESPACIO)"

"... ¿Estarías listo para empezar?"
"... ¿Estarías listo para el siguiente paso?"
"... ¿Estarías listo para probar el producto hoy?"
"... ¿Estarías listo para formar parte de nuestro equipo?"
"... ¿Que dirías?"

Aquí está un ejemplo que no es parte del Mercadeo en Red que te puede ayudar a comprender la sencillez y la efectividad del, **"Si supieras con certeza..."**

"Si supiera con certeza que podemos conseguir el financiamiento que dijo que desea, sin un pago inicial, que también es lo que usted pidió, ¿estaría usted dispuesto a conducir este coche a casa con su familia esta noche?"

"Si supieras con certeza" es una poderosa herramienta de comunicación que te ayudará a determinar el verdadero interés de tus prospectos basada en cumplir las condiciones que ellos mismos te han dicho. También puedes ayudarles a tomar una decisión sobre el resultado que tú les sugieres.

"Si supieras con certeza (LLENA EL ESPACIO) ¿estarías listo para empezar?"

"Si supieras con certeza (LLENA EL ESPACIO) ¿estarías listo para formar parte de nuestro equipo?"

Una variación seria terminar tu pregunta con *"¿Que dirías?"* para darle al prospecto un cierre más suave y no tan directo con una respuesta mas abierta.

"Si supieras con certeza (LLENA EL ESPACIO), ¿qué dirías?"

"Si te pudiera mostrar (LLENA EL ESPACIO), ¿qué dirías?"

2. "Si te pudiera mostrar (LLENA EL ESPACIO)"

"Si te pudiera mostrar un plan donde podrías recuperar tu inversión inicial en 30 días y con una ganancia aparte..."

... "¿estarías listo para empezar?"
... "¿estarías listo para tomar el siguiente paso?"
... "¿estarías listo para unirte al equipo?"
... "¿qué dirías?"

He aquí una **simple verdad:** Para ayudar a que la gente obtenga claridad, reduzca su ansiedad y no hacer perder el tiempo de nadie, debes proveer liderazgo y cierres positivos a TODAS tus conversaciones de contactar.

No olvides, la mayoria de la gente está "silenciosamente pidiendo ser liderados."

¿Cuál es tu número de libertad financiera?

Este es un ejercicio de visualización efectiva o "avance rápido" para ayudarle a la gente a imaginar cómo sería tener un flujo de ingresos que cubra todos los gastos que tienen, y tener dinero de sobra. Funciona bien en grupos pequeños o grandes, así como presentaciones individuales. Esto es lo que digo para introducir el ejercicio:
"¿Me pueden hacer un favor? Por favor piensen en su numero de libertad financiera por un momento."

En una conversación uno-a-uno o por teléfono yo digo esto:
"Tengo curiosidad. ¿Alguna vez has pensado en tu 'número de libertad financiera'?"

Por supuesto, la mayoría de la gente no sabe exactamente lo que quiero decir inicialmente, así que les explico más.

"Esto es lo que quiero decir. Toma un momento para pensar en la cantidad de dinero que necesitarías cada mes, año tras año, para cubrir todos tus gastos. ¡Todos! Después, agrega otro 30% para cualquier otro gasto extra, ahorros, vacaciones o lo que sea."

Voy a dar un ejemplo: *"Si necesitas $10,000 para cubrir todos tus gastos, multiplícalo por el 30% para obtener otros $3,000 más. Si los sumas, tu número de libertad financiera es de $13,0000 mes por mes."*

"Ahora que tienes un momento para pensarlo, ¿cuál es TU número de libertad financiera?"

Puedes usar este ejercicio en presentaciones grandes y pequeñas, reuniones de negocio en casa y presentaciones de uno a uno. Nunca, nunca le prometas o garantices a las personas que pueden conseguir su número. Pero ofréceles esta alternativa:

"Felipe, si realmente tienes el deseo de cambiar y mejorar tu vida, y estás dispuesto a poner el esfuerzo, entonces imagínate si en los próximos 24 a 36 meses, trabajando juntos, podemos alcanzar tu número de libertad financiera"

"Imaginate si pudieras unirte a las miles de personas del Mercadeo en Red que están ganando ingresos de tiempo completo pero con un esfuerzo de tiempo parcial."

"Felipe, ¿qué dirías?"

Este ejercicio casi nunca deja de crear un efecto positivo y pone a la gente a pensar y soñar. Es especialmente eficaz cuando puedes dar los detalles de aproximadamente cuántos clientes y/o miembros del equipo tendrían que tener en su negocio para poder lograr su "número." Para esto, asegúrate de tener información precisa de tu compañía.

Siempre preguntale a la gente amablemente si están dispuestos a compartir su "número" con el grupo. Si nadie quiere compartir, usa tu propio número de libertad financiera para el ejemplo.

Nunca hagas promesas o garantías que no puedes mantener. *Nunca hagas proyecciones de ingresos* o insinúes que todo el mundo en el Mercadeo en Red se está haciendo inmensamente rico. Eso simplemente no es cierto.

Lo que si es cierto es que hay millones de personas en el Mercadeo en Red que están disfrutando de ingresos extras (a tiempo parcial) y muchos miles de personas ganando ingresos de tiempo completo – y una gran cantidad ganando ingresos increíbles.

CAPITULO DOCE

¿Es realmente más barato pagarle al aprovechado?

"Después de una vida de elegir entre la comodidad y el riesgo, nos quedamos con la vida que actualmente tenemos - y todo fue de nuestra elección."
- Peter McWilliams

En su libro, *Recuerdos Borrosos*, Jack Handey escribió: "Solía haber un niño aprovechado que exigía mi dinero de almuerzo todos los días. Desde que era pequeño, yo se lo daba. Entonces decidí luchar. Comencé a tomar lecciones de karate, pero el instructor pedía $5 por lección. Pronto me di cuenta que era más barato pagarle al aprovechado, así que deje de ir a las lecciones de karate."

Su punto: "Muchos de nosotros creemos que es más fácil pagarle al aprovechado que aprender a defenderse."

Quizás los peores aprovechados son los que aparecen *después* de que nuestras vidas escolares han terminado. Es el tipo de "aprovechados" que se presentan como las cosas que evitamos en la vida cotidiana - las cosas que tememos o ignoramos.

La mayoría de las personas viven una vida en un camino singular... con demasiado miedo de explorar cualquier otra cosa. Tal vez sea el miedo de aprender una nueva habilidad, intentar algo diferente, arriesgarse y acercarse a una nueva persona. A veces es "la voz interna aprovechada" - que susurra al oído: "¿Qué van a decir los demás?"

A lo mejor es tener demasiado miedo de admitir que tienes un sueño - el deseo tu corazón - algo que te gustaría perseguir si el "aprovechado" no nos estuviera siempre limitándonos mentalmente. Así que nos resignamos a nuestra "comodidad" más que perseguir nuestros sueños.

¿Por qué hacemos esto cuando hay tantas buenas noticias acerca de los sueños?

Simplemente por perseguir cualquier sueño podemos empezar a encontrar la plenitud. No necesitamos perseguirlos todos. Ni siquiera tenemos que lograr nuestros sueños para encontrar la plenitud - podemos empezar a encontrar satisfacción con sólo perseguir nuestros sueños activamente.

Al vivir nuestros sueños podemos contribuir no sólo a nosotros, sino también a todo el mundo y todo lo que nos rodea.

Con tantas buenas noticias, ¿por qué no hay más personas viviendo y persiguiendo nuestros sueños?

Porque dejamos que nuestro miedo de la incomodidad domine. Incluso contemplando una nueva acción sentimos miedo, culpa, indignidad – todas esas cosas que generalmente clasificamos como "incomodas." Entonces empezamos a buscar excusas que nos libre de la culpa.

Mucha gente con sueños de tener su propio negocio, ser dueños de su vida y su tiempo, han dicho, "solamente enséñame y dime que hacer, y yo hago lo que se tenga que hacer."

Luego, después de que una o dos personas (a menudo los amigos o parientes) rechazan sus anhelos o preguntan - "¿Es esto multinivel?" o, "¿Es una de esas pirámides?" o dicen: "Esas cosas nunca funcionan" – corren gritando, "¡Eso es muy difícil!"

¡Y el aprovechado gana!

Yo entiendo. En el principio, cuando recién empecé mi primer negocio de Mercadeo en Red hace más de veinte años, mucha gente me dijeron que "no." (Algunos dijeron, "si," pero francamente, más gente dijo que "no.")

Y con el tiempo empecé a reconocer….

1. No importa lo que hiciera o dijera, o lo bueno que fuera mi producto o la oportunidad, algunas personas decían que no. Simplemente así es como son las cosas.

2. Yo iba a tener que aprender nuevas habilidades y estar dispuesto a estar "incómodo" (por un tiempo) mientras yo estaba practicando, mejorando y refinando mis habilidades de comunicaciones.

3. Una vez que empecé a aprender los principios de *conversaciones intencionales* enfocadas en servir – descubrir las necesidades y deseos de las personas para saber si los podía ayudar – más y más personas empezaron a decir, "sí." Mi confianza y mis resultados empezaron a mejorar enormemente.

También aprendí que una de las cosas más difíciles de sacrificar es la idea de que deberíamos estar *cómodos* todo el tiempo. La ironía es que los mismos sentimientos que tenemos, son algunas de las mismas herramientas que necesitamos para realizar nuestros sueños.

Si vas a sacrificar cualquier cosa, sacrifica tu necesidad de siempre querer sentirte cómodo.

Mi esperanza es que encuentres los principios, las ideas, el modelo y los guiones que están en este libro útiles para ti - y de alguna manera que te inspiren, también.

Mi deseo es que desarrolles la confianza en ti mismo y tus habilidades de prospectar para lograr tener resultados extraordinarios en todas tus comunicaciones, relaciones, y definitivamente en tu negocio.

Por otra parte, a medida que persigas tus metas y sueños, te suplico que nunca te rindas – ¡y absolutamente te niegues a pagarle al aprovechado!

Como obtener más información del autor

Si tienes una frase favorita para contactar o una historia que quisieras compartir, te puedes poner en contacto conmigo a través de mi página: www.montetaylor.com

Me encantaría escuchar de ti.

¡¡¡VIDEOS GRATIS QUE VAN CON ESTE LIBRO!!!

Para recibir más guiones para contactar y desarrollar tu negocio, aparte de una serie de videos GRATIS diseñados ayudarte a obtener el valor complete de este libro, ve a esta dirección y subscríbete para obtener acceso inmediato. www.montetaylor.com/freestuff

¡Mis mejores deseos para tu gran éxito!

Monte Taylor, Jr.